水谷友紀子
Yukiko Mizutani

「ご機嫌」でいれば、「奇跡」がついてくる!

「引き寄せ」に成功する毎日のヒント

講談社

はじめに

つい先日、知人の男性を車の助手席に乗せて、市内のある鰻屋さんへランチに出かけました。お店の前の駐車場が空いていたので、バックで駐車を試みたところ、一発で車をきれいに停めることができたのです。その瞬間、私はいつものように車の運転席でひとり大ハシャギしてしまいました。「すごい、すごぉ～い！　お見事っ！」と……。

それから「ハッ！」と我に返り、助手席の彼の顔を恐る恐るのぞいてみると、彼はポカ～ンとした顔をしていたかと思うと、その後はひたすら苦笑い……。慌てた私は、「あのね、あのね、私っていつもこうやってひとりで自分のことを褒めて盛り上がっているのよ！」と、なんだか苦しい言い訳をするハメとなってしまいました（笑）。

また、こんな出来事がありました。私を含む知人４人で名古屋のホテルのラウンジに行ったときのことです。私たちの通されたテーブルは、どう見たって明らかに「一番いい席」だったのです。知人たちが「どうして一番いい席に通されたんだろう?」と驚いたように私に聞いてきたのですが、私にすればこんなことは普通のことであり、「えっ？　なんでそんなに驚くの？　なぜって、私がここに来る前にこのテーブルに着けるようにイメージしたからに決まっているじゃない」って感じだったわけです。

このように「私としては、いつもやっている当たり前のこと」とか、「私にとっては、普通に起こる出来事」が、ときとして「ずいぶん変わったこと」に映ったり、「なんでそんなことが起こるのか？」と不思議なことに見えたりするようなのです。講演会やセミナーなどで私と短時間だけ接していただくような人には、さほど「普通の人との違い」はわからないのかもしれませんが、私とより身近に、より長く接すれば接するほど「普通の人との違い」を発見され、驚かれてしまうのです。

でも、よく考えてみればこれは当然のことかもしれません。だって、「私が日々、心の中で何を思ったり考えたりしているのか？」は、私以外の人々にはお見せすることができませんからね。でも、この「私が心の中で思ったり考えたりしていること」が基盤となって「他人との行動の違い」を生み、それによって「人生で起こる出来事の違い」を刻々と創り出しているわけです。

本書は、すでに数えきれないほどの「奇跡」を引き寄せ、人生を「思うがまま」に楽しんでいる私が、日々何を考え、どんな生活を送っているのかをできるだけ詳細にお話ししているものです。本書がみなさんの「奇跡を起こすヒント」に、「自分らしく生きるヒント」に、また「夢を次々に叶える人になるヒント」になってくれたらと願って止みません。

２０１５年　11月

水谷友紀子

「ご機嫌」でいれば、「奇跡」がついてくる！
「引き寄せ」に成功する毎日のヒント

●目次

第2章 「自画自賛」でいく！

第3章　シンプルに生きる

第4章　自分を大切にする

第1章

「本物」に出会う

憧れの人に会いに行く！

気がつけば「アラフィフ」などと呼ばれてしまう世代になっていて、すでに「半世紀！」にも及ぶ人生を過ごしてしまい、自分でもただただ驚くばかりなのですが、そんな長い人生においては、それはもう数えきれないほどいろいろな人にお会いする機会がありました。特に「自分の憧れの的」だった方に直接お目にかかれた日には、「今日のことは一生忘れないだろうな」と思ってしまうほどの感動とインパクトを受け、その後の自分の人生にとって強烈な「励み」や「刺激」となるものです。

ですから私は、「自分の憧れの的」の講演会情報などをキャッチしたときには、可能な限り出かけるようにしています。「鉄の女」と呼ばれた今は亡き英国のサッチャー元首相や、日本初の女性代議士となった加藤シヅエさんなどなど、多くの講演会に出席しましたが、その存在の美しさに感動するとともに、お話を聴きながら「よ～し、私もまた今日から張り切っちゃうぞ！」と大いなる刺激を受けたものです。

そんな中でも「お会いしたら絶対に握手だけはしてもらおう！」と早くから心に決め、当日は恥も外聞もかなぐり捨てて「あなたの大ファンなんです！」と自ら申し出、握手までお願いしちゃった方がいました。それは、日本人初の女性宇宙飛行士、向井千秋さんです！

振り返ってみれば、私は物心ついた頃からなぜか「宇宙」に興味を抱き、「今までに一番好きな映画は？」と問われれば、いくつになっても『E．T．』（１９８２年公開のスティーヴン・スピルバーグ監督のアメリカ映画）と答えるほど。私と同世代の方々は、小学校に上がるか上がらないかという頃に「人類が初めて月に降り立ってフワフワと奇妙に月面を歩く姿」をテレビで見て衝撃を受けてしまった世代。「宇宙」に関心を抱くのはごく自然のことでした。

そんな私が大人になって「引き寄せの法則」と遭遇し、「自分の現実を宇宙との共同作業で創り上げているんだ！」と知ってしまったわけですから、ますます「宇宙」というものに対する興味や憧れが募ってしまったのは当然かもしれません。しかも、向井千秋さんは同じ日本人であり、同じ女性であり、毛利衛さんに次いで日本人として2番目に宇宙に行った方なのですから、私にとっては「放っておいても憧れちゃう」ような存在だったわけです（笑）。

さて当日、私は実際に向井千秋さんと50センチも離れていないような至近距離でお目にかかり、「あなたの大ファンなんです！」と言って無事に握手にまでこぎつけることができました。私は大いに舞い上がってしまい、「この手、ず〜っと洗いたくないな」とまで思い、向井さんの底抜けに明るくチャーミングな笑顔が一瞬にして脳裏に焼き付き、まるで私までもが宇宙に行って来たかのようにドキドキワクワクが止まりませんでした。

そして、その笑顔と握手からものすごい勇気と元気をいただき、「よっしゃ〜！　私もまた自分の分野で頑張るぞ〜！」と、エネルギーが心の底からフツフツと湧き上がってきたことを今でもはっきりと覚えています。当時の私は30代の半ばだったと思いますが、もしもその頃の私が小学生や中学生の年齢であったならば、きっとあの日の出来事によって「私も絶対宇宙飛行士になる！」と言いだしていたに違いありません（笑）。

「自分の憧れの的」の人の話を聴きに行ったり、直接会ったり、会話や握手をしてもらったりということは、それほど自分自身にとって「パワフルな原動力」になるのです。これからの人生の中でも、私は「自分の憧れの的」にはできる限り会いに行き、自分の人生をさらにさらに躍進させる「弾み」とさせていただくつもりです。

憧れの人からドキドキワクワクのパワーをもらおう！

高級品は自分のために使う！

ひと昔前の家庭では、よくこんな光景を目にしたものでした。食器棚の中には高級ブランドのコーヒーカップやティーカップが「どうだっ！」と言わんばかりに並べられていて、お客様が来た際には「それ来た！」とばかりにそれらのカップを使い、出されたほうも出されたほうで「嬉しいけど、でも割ったりしたら大変！」と恐る恐るコーヒーをすすり……（笑）。

あの頃は、なんだか「高級品」を「自分で使うのはもったいない」とか「お客様が来たときにだけ使うもの」などと考えていたようで、また「高級品」は「他人に見せるもの」という感じがどことなくありましたが、私としてみれば「高級品」は決して他人に見せるものなどではなく、また「高級品だからこそ、ふだんの生活の中で自分のためにバンバン使わなきゃもったいない！」と思っています。だって、それらを自分のために日々繰り返し使ってこそ、「私って大切な人なんだわ！」「私ってとっても価値ある人なんだ！」と自分自身で感じることができますし、「高級品」というか「美しいもの」や「素敵なもの」を使うと、なにより自分の

「気持ちがいい」からです。

特に「食器」などといったものは、日常生活の中で毎日使い、日々目にするものですから、「自分の大のお気に入り」を使うに越したことはありません。「高級ブランドのものを揃えたほうがいい！」などとおすすめしているわけでは決してありませんが、人によってはまったく自分のことには無頓着、あるいはとってもご自身を「粗末」に扱っていて、「私なんか、これくらいで十分よ」と言わんばかりに「食器はすべて100円ショップ」で揃えてしまったりして……（笑）。

ちなみに私の食器棚には、長年にわたってコツコツと探して見つけてきた「私のお気に入り」ばかりが並んでいるのですが、中でも特に毎日使うコーヒーカップは、いつだったか思わず一目惚れして買ってしまったエルメスの白地にシルバーラインのカップ。ウォーターグラスは、同じくこれもまたいつだったかに「なんてきれいなんだろう！」と衝動買いしてしまったバカラのワイングラスを使っています。念のために繰り返し申し上げておきますが、それらは「お客様用」として買ったり使ったりしているのではなく、あくまでも「私用」であり、私がこうやって言ったり見せたりしない限り、家族以外の誰の目にも触れることはないことでしょう。

でも私だけは毎日それらを目にし、日々使用しては「やっぱりこのカップは何度見ても素敵！」とか、「ああ、このグラスのこのカット、やっぱり超美しいわぁ〜！」などとひとりで「いい気分」になっているわけです。そしてそれと同時に、自分を大切に扱い、ますます「自分の価値」を知らず知らずのうちに高めているのです。

もし、次に食器等の「自分が日々使う身近なもの」を購入するときには、誰かに見せるためではなく自分のために、自分の中の「大好き！」という感覚を大切にしながら、できるだけ「自分が嬉しくなるようなもの」「自分が心から満足できるようなもの」を探しましょう。きっと「それ」を使うたびに、「いい気分」になることに気づかれると思いますよ。

本物を使うことで、「自分の価値」が高まっていく

自分で発見する楽しさを味わう

今からもう20年くらい前のことになりますが、アメリカで5年間生活して日本に帰国し、（すでにご存じの読者もいらっしゃると思いますが）私の「引き寄せ」によって、私は突然、国会議員の公設秘書となり、永田町に通うことになりました。その「永田町」に初出勤した日の朝の出来事です。

もうずいぶん「永田町」の駅に降り立っていないので、現在はどうなっているのか知りませんが、議員会館に行くために当時は結構長い駅の階段を上り下りしなければいけなかったのです。初出勤の朝、その長い階段を上りながら、途中でふと顔を上げてみると、私の上を歩く女性たちの足下は「リボンのついたパンプス」だらけで、どこもかしこも「リボン、リボン、これまたリボ〜ン！」。

後になってわかったことなのですが、どうやら当時は「フェラガモのリボンのついたパンプス」が日本で大流行だったらしいのです。アメリカから帰国してまだ間もない私にしてみれば、「うわ～っ、これってメチャクチャ怖～い！」という光景だったわけです。もともと私は「自分は自分！」という傾向が強かったのだと思いますが、アメリカで暮らしている間にさらにそれが強まり、「リボンが流行っているからといって、みんながみんなリボンの靴だなんて、こんなことアメリカでは絶対にあり得ない！」と思ったからでした。

また、私は小さい頃から「人と同じじゃつまらない！」と思っていたのでしょう。私の母には姉妹がたくさんいたのですが、一緒に出掛けては「これ、お揃いで買おう」とか、誰かがなにかを見つけると、「あっ、それ、私も買う！」などとやっている姿を見ながら、「姉妹で仲がいいのはわかるけど、なんで同じものを着たり、身につけたりするんだろう？ 似合うものとかも違うし、本当は趣味も好みも違うのに……」などと考えていた記憶があります。

つまり、私の大好きな歌『世界に一つだけの花』ではありませんが、私としては自分の「個性」や「趣味・嗜好」こそ尊重し大切にするべきであって、単なる「流行」だとか「誰々さんと同じ」などという理由ではなく、「自分だけの独特な花」を咲かせることこそが「楽しい！」と思っているわけです。また、「自分にとっての超素敵なものや、とっても独特なものを発見したときの喜び！」これはもう最高なのですが、「あっ、それ、私も欲しい！」的な買い物をしていては、この「発見の喜び（これはもうまるで誰かに『一目惚れ』しちゃったときのような気分です)」が味わえません。

ちなみに現代は「ネット社会」となり、地方に住む私のような人にも世界各国からお買い物ができるとても便利な時代となりましたので、最近の私の洋服は「イギリスのセレクトショップ」から買うものがほとんどとなりました。多少の送料等はかかるものの「サイズが大きい」とか、「着てみたら似合わなかった」などという場合、返品だってOK!

なぜその「イギリスのセレクトショップ」が私にとって「お気に入り」なのかというと、もちろん自分の趣味に合っているものが多いため「キャ〜ッ、これ素敵!」というものを発見できる機会が度々あることと、日本ではあまり扱っていないブランドが多い(つまり、日本では他人と重なる機会はあまりない)ためです。きっとUPS(国際輸送サービス)のお兄さんには、「こいつ、いつも海外からなに買ってんだ?」などと思われているかもしれませんが(笑)、この「自分で独特のものを発見する楽しさ!」は誰になんと言われてもこれからも決して止められないと思います。

自分で「自分だけのものを発見する」喜びにまさるものなし!

旅行先では、できるだけ「現地の人々の生活」をのぞく

今までの人生の中で、中国、タイ、ペルー、イタリア、インドネシア、ニュージーランド、韓国、ブラジル、香港、パラオ共和国などに旅行しましたが、アメリカで「住む」という体験をしてしまったせいか、いつの間にか私の旅行の基本は「できるだけ現地の人々のリアルな生活を垣間見る、体験する」というものになりました。「観光スポット」と呼ばれる美しいところを見たりするのも、それはそれで楽しいことなのですが、私にとっては「そこで暮らす人々が、実際に日々どんなものを食べ、どんなふうに生活し、どんなことを考えているのか?」を知ることのほうが興味深いからです。

今まで訪れた国の中で、なんといっても一番印象に残っているのはペルーです。25年ほど前に「ハネムーン」でペルーに行ったのですが、17日間も滞在し、その半分近くを首都リマにある「ペルー人の友人のご実家」で過ごしたものですから、それはそれは貴重で面白い体験ができました。

そのペルー人の友人の弟さんに、「タクシー」という呼び名の「トラックの荷台」にその他大勢のお客さんと共に乗せられ、リマ市内をあちこち案内してもらったり、私の生まれて初めての「真夏のクリスマス」には友人のお母様と共に近所の教会のミサに行き、夜には現地の風習だという甘いケーキのようなものと、これまた甘〜いホットチョコレートをご馳走になったり。友人の5歳になる甥っ子ちゃんとは、一緒に「サッカー」をして遊びましたっけ……。

また、元旦には近くの海に連れていってもらい、多くの人が元旦から「海水浴」を楽しんでいる姿を目撃してビックリしましたし、「マチュピチュ」に向かう途中の山間では、これまた生まれて初めて「水着を着たままの男女混浴の温泉」も体験しました（笑）。そうそう、ペルーで一番仰天したのは、その「マチュピチュ」からの帰りだったか、私たちの乗ろうとしていた飛行機がなんらかの理由で飛べなくなり、「明日まで飛行延期」と伝えられるや否や、その便に乗る予定だった多くの人々が一斉に飛行場のカウンターを飛び越え、もうすぐ飛び立とうとしている前の便の飛行機に向かって走り出し、その飛行機に次から次へと乗り込んでしまったことです（笑）。

また、何年か前にブラジルに行った際にも、知人の日系ブラジル人の方からご自宅へのご招待を受け、ブラジルの家にある「日本の家以上に日本的な和室（畳の部屋）」を見せてもらってびっくりした思い出もあります。また、現地の銀行の重役さんが、なんと、ヘリコプターで出勤する姿をこの目でしかと目撃してしまったり（理由は「道路が渋滞するから」「治安が悪いから」だそうです）、「行政のやることは遅いから、みんなでお金を出し合って舗装道路を自分たちの手で作っちゃいました！」などという面白い話を聞かせてもらったり……。

昨年行ったパラオ共和国では、現地の知り合いがまったくいなかったのですが、そういうときには、私はタクシーの運転手さんに車中でいろいろお話をうかがいます。すると、こんな話を聞かせてくださったのです。「魚はね、潜って自分で捕りにいくんだよ！　でね、『ニツケ』にして食べるんだ、『ニツケ』だよ！」と……。

「『ニツケ』って日本の『煮付け』のことですか？」と私が驚いて質問すると、「そうだよ、あんたの国の醤油と砂糖で味付けするその『煮付け』だよ。パラオの人たちは、みんな『ニツケ』が大好きなんだよ」と……。面白いですよね、パラオでも「煮付け」を「ニツケ」と言うだなんて、しかもみんなが「ニツケ」を大好きだなんて、日本人としては嬉しくなっちゃいますよね。

と、私が旅行に出かけるときにはいつもだいたいこんな感じで、「できるだけ現地の人々のふだんの生活を見たり、実際に体験させてもらったり」するわけです。そのほうが「ただきれいな観光地に出かけて、美味しいものを食べて帰って来る」だけの旅行より、何倍も何十倍も「楽しい！」と思えますし、刺激になるのです。

旅先では、現地の「リアル」を体感しよう！

「大好きなもの」は長く使う

私は「こっちのほうがお得よね」「バーゲンだから買っておこう」などと「値段」でものを選ぶのではなく、また「こんなもんでいっか！」と妥協することもあまりなく、基本的に「これ大好き！」という基準でものを買うことがほとんどなので、結構「もの持ち」はいいほうだと思います。従姉妹や友人などからも、「ユキちゃん（私のことです）、すっごい長い間これ使ってるよね？」と言われることもしばしばあります。

ふと気づいてみれば、もう何十年も使い続けている腕時計、アクセサリー、食器、小物類などがいっぱいです。もちろん壊れて、使えなくなってしまったものはさっさと捨てますし、決して「捨てるのがもったいないから」などというわけではなく、「まだ十分使えるし、そもそもそれが大好きだから」という理由で持っているだけなのですが……。

実際、私のように「自分の大好きを基準にものを選ぶ方」は感覚的におわかりになると思いますが、「大好きなもの」ってあんまり「飽きる」ことがないし、「大好き」だから大事に丁寧に使うので、結果としてものが「長持ち」するのです。妥協してなにかを買ったときのように「なんでこんなもの買っちゃったのかな？　もう要らない！」などということは滅多に起きないのです。

そして、私の中のこの「大好きなもの」の典型が現在乗っている自分の車です。ちなみに国産車なのですが、私はこの車のデザインがと〜っても好きで（今までに何度周りの人たちから「この車ってイタリア車なの？」と聞かれたことでしょう）、もう10年以上も乗り続けているのですが、いまだに飽きることがなく「やっぱり、このデザイン好きだなぁ」などと思ってしまうほどです。

もともと女性は男性ほどには「車」に興味がないのかもしれませんし、私自身、「ファッション」や「インテリア」ほどには車に愛着があるとは思えないのですが、同じ車に10年以上も乗り続けてる人って、意外と少ないのではないでしょうか？　私としてはなんといっても大好きなデザインで、「まだ大きなトラブルもなく元気に走ってくれているし、あともう1〜2年頑張ってくれたら嬉しいな」などと思ってはいるのですが……。

いずれにしてもそろそろ私の車の寿命も近づいていることは確かなようなので、実は最近になって「次なる大好きな車はないかな？」といろいろ探してみたところ、あったのです！　今度の車はイタリアのアルファロメオです。私の場合、もともと車に詳しくないので、機能や性能とかはま〜ったくわからず、単純にスタイルやデザインを見て「これ好きだなあ！」と決めただけなのですが（笑）。

近いうちに一度「現物」をこの目で見に行って来ようかなと思っています。今度の車も「やっぱりこれ大好き！」となって、10年や15年は乗り続けるのだと思います。

大好きなものとの出会いが、豊かさのカギ

夢のある人たちとつきあいましょう！

齢《よわい》「50」という声が聞こえてくるようになると、たとえば友人同士で会話をしていても、「最近、膝をやられちゃって」とか、「そろそろ腰にくる年齢だよね～」とか、「○○さん、入院しているらしいわよ」とか、つまり「病気」に関する話などがたくさん出てきます。そうかと思えば、「週末は親が入っている施設に行って来た」とか、「もう、毎日毎日親の面倒見るのがたいへ～ん！」とか、つまり「介護」の話題などもひっきりなしで……。

これらは実際に「現実的」な話ではありますが、「いつかは私もそんなことになるのかしら？」「今からいろいろ考えておくべきかな？」などと不安だけはかき立てられるものの、本当はこのような話を聞いて「あ～っ、楽しかった！」「面白い話だったなぁ！」などとは誰も思いませんよね？　そして、帰る頃にはなんだか足取りも重く……。

また、これは年齢に関係なく、いつもこんな話ばかりする人たちもいますよね？　会社の同僚や上司の悪口ばかりを延々と語り、それが終わったかと思えば今度は「最近は偏頭痛がひどい」だの「肩が凝りすぎてマッサージに通っている」だの、そしてそれが終わったかと思えば次には「給料が安すぎる」とか、「近所にこんな迷惑な人がいて……」とか。つまり、「愚痴」や「他人の陰口」ばかり言う人です。

また、こんな人もいますよね？　なにを話しても「あなたはいっつも楽しそうでいいわよね～？　どうせ私なんて……」とか、「大丈夫よ！」などとこちらが励ましたところで、「無理、無理！　だって私の人生はず～っとこうなんだもの」とか……。まあ、つまり「悲劇のヒロイン」を演じてしまうタイプで、まったく自信のない人です。

私は、「病気」や「介護」の話だけでなく、「愚痴」「悪口」「自信のない話」など「ネガティブな話」を聞いていてもちっともちっとも楽しくありません。それどころか、（まあ、ちょっとの間なら許せるでしょうけれど）こんな話ばかり聞かされていたら、きっとたまらなくなって席をさっさと立ってしまうかもしれません。

つまり、たとえ「友人の数」が減ろうがどうしようが、私は男女や年齢を問わず、これらの人とは正反対の、前向きな話をする、「夢のある人」を友人に選びます。「夢のある人」と喋っていると、「ねえ、今度こんな企画やってみようと思うんだけど、どうかしら？」「やだ、それ素敵じゃない！　でも、それにこんなこと付け加えたらもっと面白くない？」「あら？　それ面白〜い！」「じゃあ、協力するわよ！」などというような前向きで明るい話がポンポンポンポンと続き、心の底から楽しいからです。

もし、同じような会話を「ネガティブな人」と始めたとしたら、いったいどんな感じになるんでしょう？

「ねえ、今度こんな企画やってみようと思うんだけど、どうかしら？」「そんな企画上手くいくわけないって！　失敗したらどうするの？　止めといたほうがいいわよ！（終わり）」

やだやだ〜、私にはこんな会話のほうがとっても怖〜い（笑）！

自分にポジティブを引き寄せるコツ。それはポジティブな友人を得ること

「素敵な恋愛」をいっぱいしましょう！

先日、過去につきあっていた男性から電話があり、こんなことを言われてしまいました。「やっぱり、あなたほど『優しくない女』は、この世界にはいないと思うよ！　男ならきっとみんなそう思うハズだ」と……。それを聞いた私は、思わず笑いながら「きっとそうよね〜！」と答えたのですが、この一言で私がどんなに「怖い人」かおわかりいただけるかと思います、特に殿方に対しては……（笑）。

さて、私ももう人生をウン十年も生きていますから、それはもうたくさんの恋愛を重ねてきました。

その間、日本人ばかりではなく、アメリカ人、イタリア人、インド人との恋愛もありましたので、そういう意味でもいろいろな経験をさせていただいたと思っています。それでも「外国の男性の方々は、『レディファースト』という意識が徹底的に身についてるなぁ」ということをちょっと感じたくらいで、日本人男性とその他の国の男性陣との違いは根本的にはあまり感じた記憶はありません（個人的な違いはあるでしょうけれど、でもやっぱりイタリア人男性は、いきなりワインを抱えて遊びに来たり、とっても「オシャレ」ではありましたね）。

そんな数多くの恋愛体験を経て思うのは、「私は多くの恋愛によってこそ、自分自身を深〜く知ることができた！」ということです。だって、普通は友人・知人に向かって心の奥底に潜んでいる「感情」をむき出しにはしないでしょうけれど、「家族」と「恋人」の前では、もう演技なんかできなくなっちゃって、ものすごい感情を平気でバンバンぶつけてしまうことさえありますからね。

「家族」の前でさえ「自分の感情」を出さない人でも、こと恋愛となると、強烈な嫉妬心がメラメラと湧いてきたり、いつも強気な自分が「私、嫌われちゃったんじゃないかしら？　どうしよう？」などと弱気になってしまったり、年中一緒にいるがゆえに「まったく、こいつのこの部分だけはどうにもこうにも許せない！」となってしまったり、その結果「感情をむき出しにしてしまった自分」を振り返って「ああ、またやっちゃったわ」などと自己嫌悪に駆られたり……。つまり、他のどこの誰よりも「恋人」に対してだけは、「ありのままの自分」をさらけ出してしまう機会がいっぱいあるというわけです。

そして、私自身そんな「むき出しの自分」の姿に直面するたびに、「やっぱり私って超怖いわよね？」とか、「うわっ！　私の中にも嫉妬心なんてあったんだ！」とか、「あらま、こんなふうに考えてる私もいるんだ！」とか、「こんなに可愛い女の子みたいな私もいるのね？」などと、自分自身に驚いたり、知らなかった自分を次々に発見してきたりしたわけです。

その昔、恋愛を繰り返している私の姿を見た父親が「お前、男を食ってるんじゃないか？男の血肉を吸い取ってるんだろう？」と言ったことがありますが、実はある意味正解だったのかもしれません。つまり、私は恋愛によって「本当の自分自身」に次から次へと直面し、そこから「自分自身について学び」、それを「自分自身の幸せな人生」のためにしっかり活かしてきたからです。

恋愛を本当の意味で「血肉」にしちゃっていたというわけですよね。もちろん「人を愛する喜び」を思いっきり味わうためにも、そして「本当の自分自身を知る」ためにも、素敵な恋愛をいっぱいいっぱいしていきましょう！

恋愛でこそ、向き合える「自分」がいる。恋をしよう！

「なんでいつも最上階なんですか？」

ここ数年、大阪に行くときには決まって宿泊しているホテルがあります。ある日、何度かそのホテルの私の部屋を訪れた知人から、こんな質問を受けたことがあります。「友紀子さん、なんでいつも最上階の部屋なんですか？」と……。

「あら？　そう言えば、確かにいつも最上階の部屋よね？　眺めがいいなあとは感じていたけど……」と、私自身もハタと気づいたのでした。しかも、私はこれまで予約の際に「最上階の景色のいい部屋をお願いします！」などとは一度も頼んだことはないので、「なんで？」と尋ねられれば「思い当たるフシ」はひとつしかありません。

それは、「私には『豊かさ』が身についているから！」ということです。「引き寄せの法則」によって「自分の豊かさの程度」を自分自身で決めてしまっているということに気づいた私は、以来「意識的に」自分の豊かさのレベルのイメージをグイグイ上げてきたので、いつの間にか、それなりの「豊かさ」を身につけたのだと思います。

そうすると、人生って本当に興味深いもので、「自分の豊かさの程度に応じた出来事」が自然と起こってくるわけです。特に「豊かさ」のレベルを意識的に引き上げ始めた頃には、飛行機の座席やホテルの部屋がなぜかグレードアップされる、レストランでは一番いい席に案内される、「お得意様」でもないのになぜか「お得意様用の招待券」などをもらう等々、つまり「なぜだかわからないけど特別扱いされる」ということが次々に起こったのです。

そして、そんな出来事も「当たり前のこと」のようになってしまった今では、他の人に驚かれたり指摘されたりするまでは、自分でも気づかないほどになってしまったというわけです。一時期は「月5万円の生活」にまでなってしまった私ですが、「引き寄せの法則」のお蔭で、以前の何十倍も何百倍も豊かな生活を送れているわけですから、我ながらびっくりしてしまうほどです。

まだ「豊かさ」がしっかり身についていなかった頃、新幹線のグリーン車に初めて乗って、なんだかとっても居心地の悪い感じがしたのを覚えています。「まだ自分にはグリーン車はふさわしくない」と思い込んでいたからです。そういう心持ちでは「豊かさ」は遠のいてしまうばかり……。

旅行に行くにしても、なにかを体験するにしても、こうした「豊かさ」を身につけているに越したことはありません。つまり、「豊かさ」とは、準備のできている人のところに訪れるものので、それは「選べる自由」「好きなことができる自由」であり、「居心地のよさ」をもたらしてくれるものなのです。

「豊かさ」を当たり前のように引き寄せよう！

第2章

「自画自賛」でいく！

自分の短所を嘆く暇があったら、長所を伸ばそう！

私は、根本的に「暗いニュースをあまり目や耳にしたくないから」という理由で、新聞ももう長年購読していませんし、テレビのニュース番組も時々しか見ることはありません。なぜなら、それらの情報に知らず知らずのうちに影響されて自分が「嫌な気持ち」や「暗い気分」になってしまい、結果的に自分の人生に「嫌な出来事」「暗い出来事」などを引き寄せてしまわないように意識的に心がけているからです。

その代わりというわけでもないのですが、仕事柄パソコンの前に座っていることが多いので、インターネットのニュースは年中覗き、「自分が興味のあるものだけ」を選んではチェックするようにしています。

あるときネットニュースを見ていて、売れっ子のお笑い芸人の方がとっても素敵な言葉を口にしていたのを発見しました。曰く、「自分の短所を嘆く暇があったら、長所を伸ばせ」。

「ホントにその通りよね！　いいこと言う！」と、私は思わず「ウンウン」うなずいてしまったのですが、そのお笑い芸人の方は仕事を一時休業してまでも米国に短期留学し、その際に現地の人々から「自分の短所を嘆く暇があったら、長所を伸ばせ！」ということの「姿勢」を学んだのだそうです。多くの人が往々にして自分の短所ばかりを探しては「どうせ私なんて、なんの取り柄もないし……」とか、「もうちょっとスタイルが良ければ……」などと落ち込んだり悩んだりしている一方で、「やっぱり売れっ子になるような人は、普通の人と着眼点が違うのよね～」と思った記事でした。

また、あるときにはこんなニュースも目にしました。かなり話題になっていたので、ご記憶にある方も多いかもしれませんが、ある日本のサッカー選手がご自身の持つＪリーグ最年長得点記録を更新した際、野球界の大御所がテレビ番組でそのサッカーの現役選手に対して「もうお辞めなさい」という発言をしたときのこと。

ここで普通の人だったら、「違うスポーツ界の人とはいえ、あんな大御所から言われてしまったのだから、自分ももう本当に引退を考えなきゃいけないのかな？」などと考えて、傷ついたり落ち込んだりしてしまうか、または「自分の進退に関して他人になんか口出ししてほしくはない！」と激怒してしまったりすると思いますが、そのサッカー選手はその大御所の発言に対してこんなコメントを出したのです。「憧れのスポーツ選手に言われるのは光栄です。激励だと思いこれからも頑張ります」と……。

私はまたまた「う〜ん、さすがに超一流と呼ばれるような選手は、やっぱり視点がまったく違う！」と感動しました。だって怒ったり、傷ついたりしているどころか、「辞めろ」という発言を「励み」とするだなんて。

このように「成功を自ら手にしていく人」「人生を自分の思い通りにできる人」というものは、その他の圧倒的多数の人々とは百八十度「ものの見方」や「考え方」が違うのだということです。

そして、私はといえば、人間のそんな「ものの見方や考え方の違い」を日々見つけるのが大好きで、このような「発見」を繰り返しては「やっぱりそうよね！」とか「うんうん、わかる、わかる！」などと共感したり、感心したりしながら、自分の考えを一層深めたり、自分の「励み」にしたりしているのです。

自分の長所だけを見つめ、自画自賛でいきましょう！

成功する人はいつだってポジティブ。自画自賛でいこう！

「占い」は自分の都合のいいように解釈しましょう

私は、読者のみなさんやコーチングのクライアントの方々から、時々「占い」についての質問を受けることがあります。個人的には「自分の思考や感情が人生のすべてを決めている」と思っていますし、占いに出てくる回答は「自分がそれについてどう思っているのか？」を聞かされるだけだと考えているので、「占いに行くなとは言いませんが、どうせなら占いの良い結果だけを信じたらいかがですか？」と答えるようにしています。

つまり、「今の彼氏と結婚したいけど、本当に彼は私のことを愛してくれているのかしら？」などと、不安や心配を抱えながら占いに行ったとすると、「どうやら彼はあなたの運命の人じゃないみたいね？　諦めたほうがいいわよ」というような結果を聞かされるハメになるでしょうし、「きっと彼が運命の人よね、うふふ！　確かめに行っちゃお！」などと思いながら占いに行くとすれば、「本当にあなたと彼の相性は抜群ね！　彼で間違いないわよ！」という言葉を聞くことになるでしょうということです。

ただ「基本的に占いを信じない私」が、過去にたった一度だけ「これは絶対信じちゃお～っと！」と思った「占いの結果」がありました。

私は、今から十数年前に生まれて初めて市議会議員に立候補する決意を固め、当時は選挙準備を進めていた真っ最中だったと記憶していますが、私の立候補を知った知人が「いろんな人との会話のきっかけになるかもしれないから、一度これに目を通しておいたら？」と「動物占い」の薄い手帳のようなものを私にくれたのです。確か「自分にぴったりの職業」とやらが載っていたので、単なる興味本位で「念のために自分のことを調べてみるか？」とふと思い、その結果のページを覗いてみると……。

なんと、なんと！「あなたが男性なら政治家、あなたが女性なら女神」と書いてあるではありませんか（笑）！ちょうど「今から選挙に出る」ところでしたし、すでに「なんでも自分にとって都合のいい解釈をする癖」がし～っかり身についていた私は、「女神？そりゃ、あり得ないわよね～（笑）。私は中身が完全に男だから、やっぱり政治家なんだ！政治家はまさに私の天職なんじゃない！ばんざ～い！」と、まだ当選もしていない先からすっかり舞い上がり、この結果を完全に信じることにしたわけです（笑）。（お蔭様でこのときの選挙の結果は、初出馬で初当選でした）。

さて、勘のいい読者のみなさんはすでにお気づきかと思いますが、もしも、この占いの結果を今初めて私が目にしたとしたらどう解釈すると思います？

「えっ？　女性なら女神ですって？　すっご〜い！　今、私のしていることにぴったりじゃない！　やっぱり、これが天職だったのよね！」と解釈し、ひとりニタニタとほくそ笑んでいることでしょう（笑）。

都合のいい解釈で、もっともっと引き寄せる！

「ああ、私ってなんて幸運なんでしょう！」

「引き寄せの法則」をよくよく理解するようになってくると、自分の心の中からネガティブな思考や感情を出さなくなるので、基本的に「自分にとって都合の悪い出来事が起こる」ということがドンドン減っていきます。そして、それにも増して嬉しいことには、「そもそもトラブルなどには巻き込まれない」という体質に自然になっていくのです。

　私は出張が多いので、もう何度も何度も経験していることなのですが、たとえば天候不順などで新幹線のダイヤが大幅に乱れているときでも、数日前に買っていたチケットを手にし、予定通りに駅に着いてみると、朝からすべての新幹線が不通になっていたにもかかわらず、なぜか私の乗る予定の列車から運転が再開されるとか、またはその逆のケースで、私が乗った新幹線の次の列車から運転中止となってしまったなどなど……。あるいは、私が出張に出かける日に、まさに私が出かける地方に台風が直撃の予報だったのに、私自身はなんの混乱にも巻き込まれず、しかも台風をくぐり抜けて来てしまったのか、到着してみれば現地はすこぶる快晴だったとか……。

先日もこんなことがありました。私の住むマンションの郵便受けに「エレベーター工事に伴う停止のお知らせ」というものが入っていたのです。すでにこのマンションに入居してから何年も経ち、たびたび「エレベーターの点検」は経験していたので、「いつものようにちょっとの間止まるだけなんだろうな？」とあまり気にもしなかったのですが、よくよく見れば「工事期間：〇月×日9時～18時」となっていて、「ご不便をお掛けいたしますが、階段をご利用いただく等のご協力の程よろしくお願い申し上げます」と書いてあるではありませんか。

「えっ？　なにこれ？　ほぼ一日中エレベーターが使えないってこと？」今までエレベーターの点検のために2時間くらい使えなかったことはありましたが、こんな長時間使えないということは初めてだったので、一瞬だけ「この日に用事がいろいろ入っちゃったら大変よね」と思ってしまいました。なにせ私の住んでいるのは11階なものですから、一日に階段で何往復もするハメにでもなったらそりゃ大変です。

さて、それから私は早速「〇月×日」の自分のスケジュールを確認してみました。すると、その日の前日から3泊4日の東京出張が入っているではありませんか！　つまり、マンションのエレベーターの工事日である「〇月×日」は、そもそも私はこのマンションにはいない日だってことです。

「素晴らしい！　やっぱり私ったら、なんて幸運なんでしょう！」と、自分のスケジュールを確認するや否や、私はひとりでまたまた大喜びしてしまいました。このように「そもそもトラブルなどには巻き込まれない」「いつの間にか問題をすり抜けたり回避したりしている」という現実に直面するたびに、自分自身で「ああ、私ってなんて幸運なんでしょう！」とますます思い込むがゆえに、さらにさらに次から次へと「幸運」な出来事を引き寄せることになるってわけです。

「私ってなんて幸運なんでしょう！」と繰り返そう

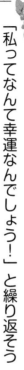

自分自身で「人生のレールを敷いていく」楽しさを知る！

それはまだ、私が高校を卒業したばかりの頃でした。高校3年生のときからつきあっていたボーイフレンドが、私が「本当に羨ましい」と思うほどの東京の某有名私立大学に入ったのですが、入学するなりある「劇団」に入って「演劇」にのめり込み、挙げ句の果てには入学後わずか半年ほどで退学してしまったのです。

当時の私は、現在の私とはまるで正反対の「親の言うなりの超いい子ちゃん」を演じ、「そういう生き方こそが絶対に正しいのだ！」と頑なに信じ込んでいるような人間だったので、そんな彼の自由な生き方がまったく理解できませんでした。「なんでせっかく入学した大学をたった半年で辞めちゃうわけ？　頭いいのにもったいない！　いったいなにを考えてるのかしら？」と……。

「この人の考え方はどこかおかしい！」と薄々思っていた私は、彼が大学を中退する頃にはとっくに彼氏彼女のつきあいをやめていたのですが、あまりに理解できなかった私は、「どうして大学まで辞めるのか？」と彼に直接尋ねてみました。確か彼はそのときの私にこんなことを言ったのです。「自分の人生だからさ、自分自身でレールを敷いていきたいんだよ！　だって、そのほうが楽しいだろう？」と……。

今の私がこの言葉を聞いたとしたら、「あなたって若いのによくわかってるわね！　その通りよ！　私も精一杯応援するわ！　頑張って！」と言うでしょう。しかし当時の私の周りには、こんな「自分の夢をひたすら追いかける人」などまったくいなかったので、私はなおさらわけがわからなくなり、「あ〜、早く別れといて良かった！」とさえ思ったのでした。

それからしばらくして、その彼から「舞台に立てることになったから観に来て」とチケットをもらい、何度か彼の立つ小さな舞台に足を運んだのですが、そのときはあまりにも活き活きと楽しそうに演技する彼の姿を見ながら「へえ〜っ、この人ったらこんな一面があったのね」と感動すると同時に、彼が「私の何歩も先を行く大人」に感じたような記憶があります。それでもなお、私は相変わらず心の中で「それにしても彼は変わった人だ！」と思っており、彼の生き方がまったく理解できなかったのでした。

今振り返ってみれば、彼こそが「自分自身で自分の人生のレールを敷いていくこと」の楽しさ、大切さを一番最初に私に直接教えてくれた人だったわけですが、私が「親に勝手に敷かれてしまった「レール」から飛び出し、今のような自由で伸び伸びとした生き方ができるようになったのは、それからさらに何年も経ってからのことでした。そして、「自分自身で自分の人生のレールを敷いていくこと」をわが身をもって経験して初めて、当時の彼が教えてくれたその「楽しさ」というものを本当に理解できるようになったわけです。

若い人とお話ししているときにこんな言葉を聞かされることがあります。「両親を悲しませたくないので、親が決めた人と結婚しようと思います」とか、「公務員が安定していて一番いいと母が言うので、将来は公務員になると決めてます」とか、「親にこれ以上心配を掛けたくないし、やっぱり夢は諦めて、どこかで適当な職を探そうと思ってます」などなど……。

このような話を聞くたびに、私は私自身も同じように生きてきて、「実は本当は苦しくて辛かった」若い頃の自分を思い出し、思わず悲しい気持ちになってしまいます。多くの子どもたちが成長していく過程の中で、いつの間にか「親の希望が自分の希望」「親の夢が自分の夢」のようにどこか錯覚してしまい、そして当の本人も「それが幸せで正しい生き方なのだ」と思い込んでしまうのです。

「自分自身で自分の人生のレールを敷いていくこと」は、親に敷かれたレールを歩いていくことよりは、チャレンジングな冒険を伴う生き方ではあるかもしれませんが、でも「自分の正直な気持ち」に従う生き方だからこそ、そこには心からの幸せや充実感、そして「生きている！」という喜びを本当に味わえるものなのです。

自分の人生は、自分で決めていいということ。「自分自身で自分の人生のレールを敷いていくこと」の楽しさを、一人でも多くの人に経験していただけたらな、と願って止みません。

自分で決めた道を行く！　だから私は幸せなんだ！

雨の日だって「ご機嫌」！

「私は雨の日が好き！」とか、「雨の日のほうが気分が落ち着く」という人もいるでしょうが、多くの人が「お天気が雨」というただそれだけの理由で、なんだか気分が落ち込んでしまったり、どんよりとしてしまったりするものだと思います。梅雨など長雨の季節には、「もう、早くお天気になってよっ！」と毎日ひたすら考えてしまいますよね。

そんな「雨の日」さえもご機嫌な気分で過ごすためには、「雨の日ならではのグッズ」を楽しむこともひとつの手だと思います。たとえば、オシャレな雨傘、素敵なレインコート、可愛いレインブーツなどを購入し、「そら来た！　今日はこのオシャレな傘の出番だ！」「今日はあの可愛いレインブーツが履ける～！」などと思えば、雨の日もなんのその、気分もウキウキしてくることでしょう。

そうそう、先日、雨の日に車で出かけた際に近所の小学校の生徒たちの下校に遭遇したのですが、子どもたちは雨の中でもいつものように元気にルンルン歩いていましたっけ……。きっと私たちも子どもの頃はそうだったのでしょうが、水たまりを見つけてはピチャピチャと飛び跳ねてみたり、雨の日にはますます元気になるカタツムリやカエルなどの動物を発見しては、一緒に遊んだり楽しんだりしているからなのでしょうね。

ところで、いつだったか、テレビでお天気キャスターがこんなことを言っていました。

「私たち気象予報士は『明日は晴れです』とは言いますが、『明日はいいお天気です』とは決して言いません。なぜなら農家のみなさんや、たとえば傘を売るご商売をされていらっしゃる方々にとっては、晴れの日が『いいお天気』とは限らず、逆に雨の日のほうが『いいお天気』だからです」と……。

この話を聞いてあらためて、「なるほど！　雨の日に『いいお天気！』って思ってる人もそりゃあ少なからずいるわよね」と、なんだか目からウロコが落ちたような気がしたのです。それ以来、私は雨の日になると「今日は農家の方々が喜んでる日なのよね？」とか、「傘屋さんは商売繁盛でウキウキしてるかなぁ」とか、「水源地のダムを管理している人たちだって、もしかしたら万歳してるかも？」などとあれこれ考えるようになりました。

すると、なんだかそんな空想をしているだけで私自身もニコニコし始めてしまい、以前にも増してますます雨の日がまったく気にならなくなったのです。本当にちょっとしたことですが、物事の「視野」がほんの少し広がるだけで「気分がこんなにも変わるんだ！」と実感した出来事でした。

次なる「雨の日」が来たときには、「今日はいったいどんな人たちが大喜びしているんだろう？」と、あなたもいろいろ想像をめぐらせてみてはいかがでしょう。きっとなんだか楽しい気分になってくることと思いますよ！

この雨を喜んでいる人がいる！　だから私も、嬉しい！

ひとり言は自分への拍手

以前、ある出版社の編集者から、「あの～、大変失礼な言い方に聞こえるかもしれないんですが、水谷さんてなんでいつもノー天気なんですか？」と質問されたことがあります（笑）。また、コーチングのクライアントのみなさんからも「水谷先生って、どうしていつもそんなにご機嫌なのですか？」と言われることも度々あります。

そんなときの私の答えはいつも同じです。「コーチングの最中とか、もしくは講演やセミナーでみなさんの前で喋っているときとか、つまり誰かとお話ししているときにはそれに集中しているのでやってはいませんが、ひとりでいるときには私は年がら年中自分と喋っていて、自分に『嫌な言葉』をほとんど聞かせないからです」と。

つまり、私はいつも自分自身に向かって「キャ～ッ！　上手、上手～っ！」とか、「私ってすごい、すっご～い！」とか、「私ったらなんて天才なんでしょう！」などなど、一日中喋ったり叫んだりしまくっているのです。挙げ句の果てには年中「パチパチ！　パチパチ！」と自分自身に拍手までしている始末なので、きっと同居している母からすれば「また、ひとりでパチパチやってるわ〜」と内心呆れ果てていることでしょう。

私の著書には何度も何度も書いていることなので、きっとすでにご存じの方もいらっしゃるとは思いますが、残念ながら私たちは無意識に「８割方」心の中にネガティブな言葉を抱いてしまう生き物なのです。小さい頃から両親をはじめとする周囲の大人たちから聞かされてきた「ネガティブな言葉」が、心の中にビ〜ッシリこびりついてしまっていて、それらが次から次へと頭に上がってきてしまうからです。

「ああ、失敗したらどうしよう?」「どうせ無理に決まっている」「私なんてなんの取り柄もないのよ」「私が上手くいくわけがない」「いつまでこんな貧乏生活が続くのかしら?」「どうして私ったらいつもできないの?」などなど……。そして、こんな言葉を聞きながら、こんな言葉にいつの間にかやっつけられてしまい、ひとり落ち込んでしまっているというわけです。

このような「心のカラクリ」をもうずいぶん前に理解してしまったので、私はいつも自分自身に意識的に話しかけ、「ポジティブな言葉」ばかりを浴びせるようにしたわけです。「上手、上手〜っ!」とか「すっご〜い!」などと聞かされて、「嫌〜な気分」になる人はまずいないでしょうからね。

そして、私の場合はもう何十年も自分自身に意識的に話しかけ、「キャッキャ！　キャッキャ！」と自分自身と遊んでばかりいたので、いまではもうすっかりこれが「癖」「習慣」になってしまったというわけです。つまり、「落ち込め」と誰かに言われたとしても、その「原因」がほとんど自分の心の中に見当たらないので落ち込みようがなく、従っていつも「ノー天気」「ご機嫌」な状態が保てるというわけです。

普通の人の心の中に「8割方」ネガティブな言葉が備わっているとすると、現在の私の場合は、ゼロとは言いませんが「0・2割」くらいしか残っていないのではないでしょうか。そして、ネガティブな思いをほとんど出さないからこそ、自分の人生にまた楽しいこと、嬉しいことを次から次へと引き寄せることができるわけです。

さあ、今日から意識的に自分に話しかける習慣をつけてください。もちろん、自分を励ます言葉や褒める言葉を選んでくださいね。そして、自分自身と上手に戯れる術《すべ》を身につけて、いつもご機嫌に過ごしましょう！

私をご機嫌にできるのは、私だけなんだ！

自分の喋る「言葉」に気をつける

私は、自分の口から出てくる「言葉」にいつも注意を傾け、チェックするように心がけています。自分が語る「言葉」は、すなわち「自分が日々思ったり、考えたりしていることの反映」でもありますし、従って「それ」に「引き寄せの法則」が働き、結果として「自分が口にしている通りのこと」が起こる可能性が高いからです。

もちろん、つい注意を怠ってしまうこともあって、「五十肩ってなに？　五十肩って？」などと何度も繰り返し口にして、見事に「五十肩」を引き寄せてしまったりとか、「そう言えば、もうここ何年も風邪ひとつひかないなぁ、風邪に強いのね……」などと、これまた「風邪」という言葉を無意識に繰り返し、翌日「風邪」を見事にひいてしまった、なんて失敗もあります。でも、多くの人が「自分の語る言葉」に日々意識を傾けていないがために、無意識に「自分の望んでいないこと」をあれやこれやと引き寄せてしまっているのです。

先日、あるＩＴ企業にセミナーのためにお邪魔したとき、参加者の男性からこんな興味深いお話を聞きました。「妻が僕に対して『風邪ひかないようにね、風邪ひかないようにね！』とずっと言っていたのですが、そんなことを言っていた妻自身が風邪をひいてしまいました」と……。

実はこれ、多くの人々が「知らず知らずのうちに犯してしまうミス」なのですが、本人は「誰かのために」「誰かに向かって」言っているような「言葉」、この場合、彼の奥さんは「彼」に対して「風邪ひかないように」と言っていたのですが、これはものの見事に「自分」に「風邪」が返って来てしまい、「奥さん自身」が「風邪をひいてしまう」という現実を引き寄せてしまったということです。

そうそう、私がまだアメリカで元旦那と一緒に暮らしていた頃、ある大雪の日の朝、彼が仕事に出て行くときに「車が雪でスリップしないように気をつけて！　スリップに気をつけて！」と何度も何度も私に言うのです。私は「ハイハイ、わかってるから行ってらっしゃ〜い！」って感じだったのですが、彼は家を出てからものの5分もしないうちに戻ってきて、「大変だ！　大変だ！　ボクの車がスリップして、木に突っ込んじゃった！」と……。

幸い彼には怪我ひとつなく、まあ車が凹んだくらいで済んだのですが、そのときの私は今ほど「引き寄せの法則」を深く理解はしていなかったものの、「うわぁ！　自分の言ってる言葉って、本人は誰かに言ってるつもりでも、自分自身に返ってきちゃうんだ！」と驚いたことを記憶しています。結局、その日、それから私も車で大雪の中を運転して出かけたのですが、お蔭様で私のほうはスリップひとつせずにまったく無事でした。

「自分で何度も何度も頻繁に繰り返しているようなネガティブな言葉」には要注意ですからね！　たとえば「私はもう年だから、年だから……」などと年中言っていれば、「あなた」は本当に老け込むのが早くなっちゃうでしょうし、家族などに「転ばないようにね、転んじゃだめよ！」などとばかり言っていれば「あなた」が転んでしまうことでしょう。

心の中で「思ったり、考えたり」していることは、自分自身でもキャッチしにくいことが往々にしてありますが、「言葉」として口に出てくるものは「耳」でも拾えるものですから格段にキャッチしやすいわけです。「自分が日々なにを発信しているのか？」これがあなたの人生で起こることの「原因」となるわけですから、これからはできるだけ「自分の出す言葉」にも注意を傾けるようにしましょう。

私の人生は、私の「言葉」が決める！

「脳内診断」

今から数年前のことになりますが、あるとき、電話でのコーチングを終える間際にクライアントの方からこんなことを言われたことがありました。「先生、ちょっと余談なんですけど、脳内診断ってご存じですか？　実は私、先生のお名前を入れて勝手に診断してみちゃったんですが、なんと、先生の脳内は『愛』一色でしたよ！」と……。

そういうものが存在するということはなんとなく知ってはいましたが、自分で試したことなどなかった私は「その結果」に思わず吹き出してしまいました。「代わりにやってくださって、どうもありがとうございました！　それにしても愛一色ですって（笑）？　でも仕事柄、なんだかとっても都合のいい結果ですよね？　みんなに言いふらしちゃおうかな（笑）」

もちろん私は、「引き寄せの法則」を知って以来、「自分の人生に関することは自分の思考が絶対だ！」と考え、先にもお話しした通り「占い」の類は個人的には一切信用していませんので、「そうか、やっぱり私は愛の塊の人なんだわ！」などと思ったわけではまったくありません。でも、自分なりに「脳内診断」をしてみたとき、私はいつも「次はどうやって自分を楽しませてあげようかな？」とばかり考えているので、私の頭の中にあるものは間違いなく「面白いこと」「楽しいこと」「ワクワクすること」でギ～ッシリだと思います。

ちなみに最近は久しぶりに「ゴルフ」にハマってしまっていて、つい先日も高校時代の友人たちとラウンドを楽しんで来たばかりなのですが、「よし！　今年こそは１００を切るぞ！」と思い立って、「もう一度ゴルフのレッスンに通おうかな」「もっとマメに練習に行こう！」などと思ったり、「ねえ？　次はいつラウンドする？」と友人と次の計画を立てたり、「来年はまたコンペでも開こうかな？」と考えてワクワクしてみたり、「そうだ！　久しぶりに私に新しいゴルフウエア買ってあげちゃおっかな？」などと次から次へと思いを巡らせては、ひとり「キャッキャ！」と楽しんでいるのです。そして、次なるラウンドの予約を早速入れたり、新しいゴルフウエアを探しに行ったりと、「楽しいこと」を前へ前へと押し進めてしまいます。

「ゴルフ」は、ほんの一例ですが、私はこのように「自分にとって面白いこと」を年がら年中探し出しては、あれやこれやと考えてワクワクドキドキしてみたり、また早速調べたり、計画したり、行動に移したりしてしまうのです。だってだって、世の中には「私にとって面白いこと、楽しいこと」がまだまだ山のようにあるわけですから、もう忙しいったらありゃしない！

ところが、私なりの「脳内診断」をさせていただくと、世の中の多くの人々の頭の中は「面白いこと」「楽しいこと」「ワクワクすること」でいっぱいではないようで……。「この先も彼氏ができなかったらどうしよう?」とか、「どうして私はこうも人間関係が上手くいかないの?」とか、「あのとき、正直にこう言っとけばよかった」などなど、「悩み」「不安」「心配」「苦しみ」「迷い」「後悔」などがその大半を占めていらっしゃるようで……。

こんなことで毎日毎日頭の中をいっぱいにしていると、そもそも「生きること」そのものが苦しくなるに決まっていますし、「引き寄せの法則」は「あなたが日々考えたり思ったりしていること」が「あなたの現実」を創り上げていくのですから、「あなたのその不安や心配」が現実化してしまっては大変です! あなたの「脳内」をいつも健康的ないい状態に保ち、「自分にとって都合の悪いこと」を無意識に人生に引き寄せないためにも、これからは「次はどうやって自分を楽しませてあげようかな?」と考える癖をつけ、あなたの頭の中を「面白いこと」「楽しいこと」「ワクワクすること」だらけにしておくことをおすすめします。

脳内を「楽しいことだらけ」にしよう!

第3章

シンプルに生きる

旅行に出るときの荷物はいつも「最小限」です

ふだんの生活の中でも時々お見かけするのですが、大きなハンドバッグをお持ちになって、その中に「いったい何を詰め込んでいるのか？」と思うほど大量のものを詰め込んで持ち歩いている人がいます。私なんぞ、ハンドバッグにはいつも「最小限」のものしか入れていないので、「さぞ重いでしょうに……」などと心配してしまうほどです。

財布、携帯、化粧ポーチ、ハンカチ、ティッシュペーパー、ペンなどは、まあだいたいみなさんが持ち歩く基本的なものでしょう。が、お財布2個（お札用と小銭用、または自分用と家庭用）、ハンカチ3枚（汗拭き用、手拭き用、バッグの目隠し用）、ハンドクリーム、目薬、飴、デジカメ、電卓、裁縫セット、歯ブラシ・歯磨き、ハンドソープ、タオル、アクセサリー、トイレ用消臭スプレー、ペンライト……いったいどこに出かけるのかというほど多量の荷物を運んでいる人も……。

ふだん持ち歩くハンドバッグの中身だけでもこれだけの違いがあるので、いざ海外旅行にでも出かけるとなると、（「荷物の多い人」から突然「荷物の少ない人」には変わらないでしょうし、ましてや外国に行くわけですから）これまた「さぞ大変なことなんだろうなぁ」と思ってしまいます。私の場合、海外旅行に行くときもいつもと同じ「最小限」なので、たとえ1週間以上の旅行でも「2～3泊用の荷物を持っていけば十分よね？　現地で洗濯すればいいし、必要なら現地で調達すればいいんだから」と思うわけです。

つまり、「荷物の多い人」というのは基本的に「心配性」の人でしょうから、「こんなことがもし起こったら？」などと「ネガティブなこと」を考えてしまうため、「そうだ！　これも必要よね？　あっ、あれも入れとかなきゃ！」などと思い、次から次へと荷物が増えていってしまうのでしょう。私の場合は、「なにか自分にとって不都合なこと」が外出先で、あるいは海外旅行先で起こるとは、そもそも考えてはいませんし、たとえ「なにか不都合なこと」が起こったとしても、「そのときはそのときで、なんとでもなるわよ！」と思っているために、「心配性」の人が抱くような「不安」がまったくないわけです。

「引き寄せの法則」は「あなたの思いや考え」に働くものですから、あなたが「あんなことが起こったらどうしよう？」と思うことをまさに引き寄せてしまいますからご注意を！　つまり、「荷物が多い」のは、あなたの「不安」や「心配」の現れだってことなんです。

「実は、自分の荷物を減らしたいんです！」という人、結構いらっしゃると思うのですが、そのためにはハンドバッグやスーツケースの中の「荷物そのもの」と格闘するのではなく、「あなたの心」こそを「私はいつだってなんとかなるわよ！」とか、「なにかあれば、そのとき考えたって絶対大丈夫よ！」とまず安心させてあげましょう。そして、その「安心」の結果として、あなたの「荷物」は必ず減っていくと思いますよ！

「私は大丈夫！」だから、荷物は少なくていい！

ジャストサイズの服を着る

私のコーチングの女性のクライアントの方々から、「水谷先生、いつもご自身にぴったりのサイズのお洋服を着ていらっしゃいますよね」とよく言われます。特に、私の身体が普通の方々より縦も横も小さいので（基本は7号サイズで、ものによっては5号になることも）「どこでこんなぴったりのものを探して来るんだろう?」とお感じになるのだと思います。

いいえ、いいえ。自分にまさにドンピシャの「ジャストサイズ！」の洋服を見事に探し当てているわけではなく、私の場合、片っ端から洋服の「お直し」をして、自分にぴったりのサイズにしてもらっているのです。ジャケット等の上着類は、肩幅、背中、ウエスト、袖丈などを直してもらい、パンツ類はウエスト、パンツの幅、丈などを直しています。

Tシャツやノースリーブの洋服等、極々まれに「どこも直さなくてもいいもの」に出会うことがあるのですが、それは私にとっては珍しいことであり、「とってもラッキー！」って感じなのです。場合によっては、革のジャケットやニット類、果ては水着まで直したこともあるほどなのですから。

そして、だいたいいつも徹底的に「自分のジャストサイズ」にしてもらうため、往々にして「お直し代」だけで一着数万円もかかっちゃうこともあります。「こんなことなら一から仕立ててもらったほうが安いかも？」と自分で笑ってしまうこともしばしばで、「よし！　いつかは自分のブランドを立ち上げるか！」などと本気で考えてしまうほどです。

「多少服が大きかろうが、長かろうが、そんなことあんまり気にしないわ。なんでそんなにお直し代にお金かけるの？　もったいないんじゃない？」という人もいるでしょうが、私の場合は、まず「ファッション」がそもそも好きなので「自分が大好きなものを、自分が格好いいと思えるように着たい」という理由以外に、「自分にぴったりのものを着ていないと、なんだか気になるし、気分が悪い」のです。

つまり、「自分の着心地」＝「自分の気持ちいい」をやっぱりここでもなにより最優先にしているのです。「これって、なんか大きいわね」などと考えてしまうようなものは、どうしても「それ」が気に入らなくなってしまい、結局、すぐに「着ないもの」となってしまったりもしますからね。

洋服のデザインにもよりますし、中には「私は窮屈なのが嫌だから、いつもワンサイズ上のものを着るほうが好き」という人もいらっしゃるでしょうが、私にとって「ジャストサイズの洋服」は、それだけで気分が「シャキッ！」としますし、なにより自分がそっちのほうが好きで、「自分がそれが気持ちいい」と思えるのです。その気持ちを大切にしたいと思っています。

「気持ちいい」を最優先にして生きる！

掃除や雑事を「エクササイズ」だと思ってやる！

若い頃は、「スポーツ大好き少女」だったものですから、テニスやエアロビクスやスキーなどといったスポーツを年中やっていたものですが、20代後半の頃からでしょうか、まったくスポーツというものをしなくなり、それもあって30代半ば頃から「なにかひとつ続けられないかな？」と思い、「ゴルフ」を始めたのですが、それもある時期から遠のいてしまい、「スポーツ」というものをほとんどせずに、「身体を動かさない生活」にドップリ浸かってしまいました。しかも、東京に住んでいた頃は、電車を使っての生活だったので、今考えると毎日しっかり歩いていたのだと思いますが、十数年前に東京から地元に戻って以来、毎日自動車を使う生活になったので、そうなるとわざわざ「ウォーキング」にでも出かけないかぎり、歩く機会さえありません。

さて、そんな「身体を動かさない生活」にドップリ浸かってしまったような私が、あるときから心がけているのが「掃除など家事や雑事を『身体を動かす時間』＝『エクササイズの時間』だと思って楽しもう！」ということでした。もちろん、私の中には「掃除は毎日きちんとしなければならない」というルールなどなにもなく、いつも「スミからスミまでピッカピカ！」にしているわけでもありませんが、少なくとも掃除や雑事に費やす時間が「エクササイズの時間」だと思えれば、それらを日々楽しんで取り組めるではありませんか！

以来、掃除や雑事は私にとって「ある種の楽しみ」となりました。また、気分によっては音楽を聴きながらノリノリで掃除機をかけたり、大声で歌を歌いながらせっせと洗面所磨きに取り組んだりと、いろいろ自分なりの工夫もつけ加えています。

世の中には「掃除は嫌い！」という方もいるでしょうが、「嫌いだと思うこと」をイヤイヤやることほど苦痛で、ストレスになることはないと思いますよ！　そんな状況を、あなたの心のためにも、今までとまったく同じように「放ったらかし」にしていてはいけないのです。

さあ、日頃から「運動不足」を感じていらっしゃるみなさん。今日から掃除や雑事に取り組むときには、「さっ！　エクササイズの時間だわ！　楽しまなくちゃ！　運動不足解消！」と、張り切って汗を流してみてはいかがでしょう？　きっと「あら、気持ちいい！」とか、「結構楽しい！」とか、今までとはまた一味違った感覚になると思いますよ！

「面倒」も気持ち次第で楽しみになる！

要らないものはドンドン捨てる！

一時期「断捨離」という言葉が流行りましたが、どういうわけか私の場合は、子どもの頃から「捨てる」ことが大好きで、私が次から次へとなんでもドンドン捨てていくのを見て、ものをため込むタイプだった母が「えっ？　そんなものまで捨てちゃうの？　大丈夫？」とオロオロしていたほどです。なんせ小学校の学年末の終業式が終わって家に帰宅するなり、昨日まで使っていた教科書を一気に全部捨てていた子でしたから……。

たぶん、子どもの頃から「ものを捨てたとき」には、「あ〜っ、スッキリした！　気持ちいい！」と、どこかで感じていたのでしょう。それはウン十年経った今もまったく変わらず、「使わなくなったもの」「要らなくなったもの」を見つけては次から次へとバンバン捨てていきます。

人間の「心」というのは、いくら自分が上手にそれを隠していたとしても、様々な場面でいろいろな形で「外」に出てしまうものなんですよね。いつも「不安」や「心配」や「ネガティブな思い」を抱えて心がグチャグチャな人は、往々にして「ものをため込む」「要らないものも捨てられない」「部屋が片づけられない」という傾向にあります（バッグや旅行鞄の「中身の量」と共通している点があります）。

反対に、いつも未来の「嬉しいことや楽しいこと」ばかりを考え、「ポジティブな思い」で心がすっきりしている人は、「ものが少ない」「要らないものはすぐ捨てる」「部屋がいつもスッキリ片づいている」という傾向にあります。つまり、「自分の心の中の状態」が「自分の部屋の状態」に見事に映し出されているのです。

「要らないものも捨てられない」というのは、「不安」や「心配」に邪魔をされてしまうからなのですが、そもそも「決断ができない」のです。人生は日々、大なり小なりの「決断の連続」ですが、この「決断」が下せなかったり、時間がかかりすぎたりするために、人生そのものもスムーズに進んでいかないのです。

「ものを捨てる」ということそのものは、そんなに大きな決断ではありませんから、だからこそ「要らないものはドンドン捨てる」という「習慣」をまずは徹底的に身につけていき、「捨てること」で後悔したり、心配になってしまったりする「癖」を早く断ち切って、その代わりに「要らないものを捨てるって、さっぱりして気分がいい！」という思いをちゃんと感じられる人になったほうがいいと思います。

それを繰り返している間に、今度は「スッキリしている状態がいかに気持ちのいいことなのか」とか、「決断ってそんな難しいことではないんだな」ということが感覚的にわかってくるでしょう。そうなれば「人生そのもの」も今までよりもっともっと早くスムーズに、もっと思い通りに進んで行くことでしょう。「要らないものを捨てる」――シンプルだからこそ、大切な習慣です。

「捨てられる」自分は、「決められる」自分！

「仕事」と「遊び」の区別がほとんどない毎日

「仕事と遊び」とか、「仕事とプライベート」とか、「オンとオフ」とかいう言い方をしますよね？　そもそも私は「仕事」という言葉があまり好きではないのですが（なぜなら私たち日本人が「仕事」というとき、そこには「食べるために仕方なくやっている」という「義務感」みたいなニュアンスが含まれていたり、「なんか面白くないもの」という感じがあったりするからです）、一日中「ほぼ自分の好きなことばかりやっている」現在の私には、このような「仕事と遊び」的な区別がほとんどありません。

今もこうして「本の原稿」を書いていて、この時間は間違いなく「仕事の時間」ということになるのでしょうが、私にとっては「自分の思いや考えを表現している面白くてたまらない時間」であり、まるで「遊び」のような「大好きな時間」です。まあ、多少は「締め切り」を気にして焦ってしまうことぐらいはありますが……。

私の場合、「本の原稿を書く」こと以外にも、たとえば「講演をする」「セミナーで話をする」「コーチングをする」「打ち合わせをする」などなど、みなさんからすると「仕事」という範疇《はんちゅう》に入るものはいろいろあります。が、これらも同様に、私にはどれを取っても、心から「面白い！　楽しい！」と思えることばかりであり、「仕事」と呼ぶには「う～ん……」という感覚なのです。

一方で、「遊び」という範疇に属するであろうことには、「ゴルフに行く」「友人と食事に行く」「ショッピングに出かける」「読書をする」「旅行に行く」「映画を観る」などなどが挙げられますが、当然のことながら、これらを体験している時間も「面白く、楽しい！」に決まっていますよね。それからすでにお話ししたように、私の場合は「掃除や雑事」というようなことや、「～しなければならない」的なことまでも、「自分にとって、なんか面白いこと」になるように見方を変えて結局楽しんでしまいますので、そんな時間もやっぱり私にとっては「面白く、楽しい」時間なわけです。

つまり、朝起きてから夜寝るまで、ほとんどすべてが「好きなことばかりをやっている時間」であり、「面白い時間、楽しい時間」なので、「どこまでが仕事で、どこまでが遊びなのか？」「どれが仕事で、どれが遊びなのか？」と誰かに聞かれても、自分でもちょっと迷ってしまうほどです。

「私って、本当に毎日毎日朝から晩まで遊んでるよね？　それで十分食べてもいけるんだから、なんて幸せな人生なんでしょう！」と、我ながら思うことがありますが、きっと「大好きなこと」を仕事にしている人は、私のように「仕事と遊びの区別がなんだかつかない人生」を送っているのだと思います。

シンプルに考えれば、仕事も遊びも一緒！

「感情」は上手に流しましょう！

多くの人が、日常生活の中でかなり手こずっていらっしゃるのが「自分の感情」だと思います。日本社会の中では、「感情を出す」という話になると「大人気ない」とか、「子どもっぽい」とか、周りから言われてしまう風潮があるので、「感情は素直に出してはいけないもの」と漠然と思い込んでしまっているような気がしてなりません。

もちろん、「嬉しい！」とか「楽しい！」という「喜びの感情」を伸び伸びと出せる人はたくさんいらっしゃいます。でも、特に「怒り」などの感情は「絶対に人前では出してはいけないもの」と感じている人が多いようで、この「怒り」の処理の仕方がまったくわからず、ためにため込んでしまって、最終的には心や身体を病んでしまうケースが多いのが現状のようです。

女性の場合は、（人にもよりますが）まだ「感情をためない」生き物ではありますよね？大喜びできたり、友人に思いっきり愚痴を聞いてもらえたり、自棄《やけ》になってスイーツのドカ食いをしたりできますが、こんなことがほとんどできない男性諸氏の心中を思わずお察ししたくなってしまいます（笑）。

などと、笑っている場合ではありません！　特に「引き寄せの法則」を知ったばかりの方に多いのですが、「怒りはネガティブな感情だから、こんなものを出すとまたネガティブなことが起こっちゃうわ！」と、ますます「怒り」の感情を次から次へと飲み込んでしまう方がいらっしゃいます。

私が言いたいのは、「怒り」の感情を飲み込んでしまうと、結局「それ」を延々と心の中でいつまでもいつまでも抱え込んでしまうため、かえってよくありませんよということです。それよりも「怒り」の感情を一気に出してしまったほうが、「抱える」「ためる」よりよっぽどいいと思うのです。

これはなにも「怒り」を感じた相手に対して、「すぐに飛びかかってボコボコに殴ってしまえ！」などと言っているわけではありません。その代わりに「自分が感じていること」を素直に「言葉」で表現することを練習してはいかがでしょうかと言いたいのです。たとえば、「そこまで言われる筋合いはないと思います。ちょっと傷つきました」とか、「ご理解いただけなくて悲しいです」とか……。

そして、それができなかった場合には、家に戻ってきてから、「あのクソ上司っ！」と叫びながら掃除機を思いっきりかけるとか、ジョギングに出かけて、ボクシングの「ジャブ」を時折シュッシュッと入れながら走るとか、または「もう、頭に来た！　頭に来たっ！」と大声を張り上げながら枕をベッドにバンバン叩きつけるとか……。「感情」というものは身体にたまってしまうものなので、要は身体を使って汗と一緒に「怒り」を一気に流してしまうわけです。

実は「感情」を一番上手に扱っているのは「小さな子どもたち」だと思います。彼らって「怒ったり」「泣いたり」「笑ったり」と、感情が目まぐるしく流れていき、さっき泣き叫んでいたと思ったら、すぐにゲラゲラ笑いだしたり、さっき怒って駄々をこねていたと思ったら、次の瞬間にはもうキャッキャキャッとハシャギだしたり……。

彼らは、次から次へとあふれ出てくる「感情」に素直に従い、上手にそれを流しているだけなので、心の中にその「感情」が変に留まることがないのです。感情をもてあましたときには、小さな子どもたちの「感情の扱い方」を観察し、見習ってみてはいかがでしょう？

自分の感情をシンプルに表現する！　それが大事！

気がついたことはできるだけ「すぐやる！」

毎日の生活の中で、時々、なにか「ふと気になるようなこと」を発見してしまう場合がありますよね？　たとえば、あまり開けないようなところを久しぶりに開けてみたら、そこに「汚れ」を発見したとか、電球が切れたので替えようとしたら、その周りに「ホコリ」がたまっているのを見つけてしまったりとか……。

そんなとき、「あらら、どうしよう？　時間がかかると嫌だし、後にしようかしら」などとあれこれ考え始めると、それがなおさら「大変なこと」に思えてきて、結局「いいや、明日にしよう！」などということになってしまいます。そして、「それ」は心の中に「気になること」として残り、時間が経つにつれ、ますます億劫になってきて……。

ここで私がなにをお伝えしたいのかと言うと、多くの場合、私たちは「自分の思考」によって自分の行動の邪魔をしてしまっているのだということです。なにかに直面したときに「これは厄介だ」「これは時間がかかりそうだ」などと次々に自分に言い聞かせ始めるので、結局そんな声に阻まれて行動に移せなくなってしまうわけです。

でも、多くのみなさんが、こんな経験をされたことがあるはずです。なにか「気になること」を発見してしまい、「あらら?」と思いながらもとにかく「それ」にさっさと取り組んでみたところ、気がつけばものの5分か10分程度で済んでしまい、「まあ? 意外とすぐに終わったわね! しかもキレイにもなったし、気持ちいい!」というような……。

私の場合、この「人は考え始めると、自分の思考によって邪魔されてしまう」ということがすでにわかっているので、なにか「気になるようなこと」を発見したときには、できるだけ間髪をいれずにすぐに行動に移すようにしています。どこかに「汚れ」を発見したときには、すぐにスポンジや雑巾に手を伸ばし、さっさと拭き取ってしまうのです。

こうして直ちに「第一歩」を踏み出してしまえば、もうこっちのもの! スポンジや雑巾を手にしながら、「やっぱり億劫だから止めようかしら?」などとは滅多に思いませんから。

そして、実際に「それ」をやってみれば、本当に意外とさっさと片づくものなのです。しかも、たとえば「汚れ」が落ちてキレイになっただけでなく、思ったことが「すぐにできた!」ので気分も晴れ晴れしますし、「気になったこと」が片づいたので心の中にひっかかりができることもありません。

実はみなさん、なかなかお気づきにならないようですが、私たちの心の中は「気になること」だらけの状態で、いつも結構「重い」のです。「考えるだけ」で嫌気がさし、行動に移せず、先延ばしになっているものが多く、「あれもやらなきゃ！　これもやらなきゃ！」と、ただ考えているうちに時間だけがドンドン過ぎていくのです。

なるべく「考えずに、すぐやる！」という癖をつけていけば、もっと多くのことを次から次へとスムーズにこなせるようになり、より「自分のリラックスした時間」も持てることでしょう。そして、それよりもなによりも「自分の心」をいつも軽々とさわやかに保てること間違いなしですよ！

考えたらダメ！　すぐに行動する！

どうして「それ」をやる前から心配するの？

先日、講演会を控えた私に、ある方がふとこんな言葉を投げかけてきました。「水谷さんが講演会前にどんな準備をして本番に備えているのか、一度じっくり観察させていただきたいものです」と。「へっ？　準備!?」質問の意図がよくわからなかった私は、「そりゃあ、講演会で話す内容を事前にメモ書きしておくくらいの準備はするけど、他に準備なんて特にないんだけど」と答えました。

すると、私と同じように多くの人の前で話をする機会がたくさんあるというその彼が、ちょっと驚いたような表情でこんなことを言ったのです。「えっ？　たとえばこんな質問を投げかけられたらどう答えようかなとか、ちょっとややこしい人とかが来たらどうやって対処しようかなとか、そういうことって事前にまったく考えないんですか？」と。

確かに今までの私の体験の中でも、講演会の直前に急にお腹が痛くなってしまい、大変失礼ながら時々椅子に座らせていただきながら話をさせてもらったり、そのお腹が痛いせいで手に力が入らず、ホワイトボードに書く文字が蛇のようにフニャフニャになってしまったり、興奮しながら我を忘れて喋ってしまい、手に持っていたマイクを顔面にぶつけてしまったりしたことはあります（笑）。そんなときには「あらま⁉　やっちゃったわ！」と自分でも思いますが、私はいつも「ありのままの自分」を目指しているので、そんな「失敗する自分」「変な自分」を大勢の人々の前でさらけ出してしまったとしても、慌てふためくことはなく、自分で自分を笑うくらいのことなのですが……。

たとえなにか「突発的な出来事」が起こったとしても、基本的にいつだって「なんとでもなる！」と思っているので、わざわざ事前に「ああなったらどうしよう？　こんなことが起こったらどうしよう？」などと考えることなど一切なく、したがって心配したり不安になったり、心をグチャグチャと悩ます必要がまったくないのです。まあ、スタンスとしてはいつも「そのときはそのときよ！　なにかが起こってから考えても絶対大丈夫！」って感じでしょうか。

ただ、心の中で唯一準備することといえば、講演会などの前にはちゃんと「ビジュアライゼーション（113ページ参照）」し、「やった〜っ！　今日の講演会も楽しかったなぁ！」と講演会が終わって喜んでいる自分をイメージすることくらいのものです。もちろん、終わってから「今日はわかりやすく伝えられたかな？」とか、「みなさんのお役に少しでも立てたかな？」くらいは考えますけど。

でもね、先の彼の言葉からあらためて実感したのですが、多くの方々が「なにか」をやる前から「ああなったらどうしよう？」「こんなことが起こったらどうしよう？」と自分で自分の不安や心配をバンバン煽ってしまうのです。だから、「それ」をワクワクして待つどころか、「それ」の前に悩み疲れたり、意気消沈してしまったり、緊張してしまったりするわけです。

これからは「自分を少しでもよく見せよう！」ではなく、「ありのままの自分でいいじゃない！」と思ってコトに当たる癖をつければ、変に悩んだり気負ったりすることなく「それ」をもっと楽しめることでしょう。そして、「それ」に臨む前にどうせ考えるなら「ああなったらどうしよう？」的なネガティブな発想ではなく、「もし、これで上司に絶賛されて、いきなり昇進でもしちゃったらどうしよう？」とか、「ますます私のファンが増えちゃったりして……」といったことを考えたほうが、絶対にうまくいきますよ！

心配無用！　私はきっとうまくいく！

やっぱり「ありのまま」が一番いいのです！

いつだったか、コーチングの中でクライアントの方からこんなご相談を受けました。「実は、先日、うっかり寝坊してしまって会社に遅刻しちゃったんです。そして、思わず上司に『病院に行っていたので遅れました』とウソをついてしまいまして……。それ以来、自己嫌悪に陥ってしまい」と。

私はその方にまずこんな質問を投げかけてみました。「どうして病院に行ったとウソをついてしまったと思います？」。「たぶん、自分を良く見せたかったからだと思います」と彼。

それから次に私はこんな質問をしました。「寝坊するなんていう失敗は、きっと多くの人が一度や二度は経験していることだと思いますよ。自己嫌悪してしまっているのは、寝坊した自分にですか？　それともウソをついてしまった自分のほうでしょうか？」と……。

私もわかっていて、わざとこんな質問を投げかけたのですが、やっぱり彼の答えは「ウソをついてしまった自分」でした。それから私は、彼に自分の過去の話をしたのです。

「実際、私なんて今までの人生でいっぱい寝坊しちゃってて、ボスに『今度遅刻したらクビだからなっ！』って叫ばれたことだってあるんですよ（笑）。もちろん、寝坊した自分を正当化するわけではありませんが、私の場合は遅刻したときには『寝坊しちゃいました、ごめんなさい！』っていつもちゃんと言いましたよ。人はどんなときでも『ありのまま』ほど清々しいものはありません。『自分をよく見せよう』と思ってウソをついたところで、他人は絶対にそんなウソを感じ取るものですし、真実が明らかになったときには信用を失うハメにもなってしまうし、そして何より自分で自分を責めて自己嫌悪に陥るだけなのですから」と。つまり、「これからはありのままの自分をいつも目指しましょう！」という話をさせていただき、彼も十分に納得してくださったようでした。

さてその翌日、私は従業員をいっぱい抱えているある経営者の方とお話ししていました。そして、なぜか話題が「従業員の遅刻」という話になり、突然彼女はこんな言葉を口にしたのです。「従業員が遅刻したとき、『ごめんなさい、寝坊しちゃいました！』って素直に正直に言う子は本当に可愛いわよね〜」と。

「ほらね、ほらね〜っ！　実際そうなのよ〜！」と、私は思わず大声で叫びそうになってしまいましたが、彼女は前日の話をまったく知らないので、「ですよね？　ありのまま、正直がやっぱり一番ですよね？」と言うにとどめておきました。「ああ、でも、この方の言葉、彼にもじかに聞かせてあげたかったたな……」

「自分をよく見せよう」「自分を大きく見せよう」と思って下手なウソをついても、自分で「ウソをついている自分」「ごまかしている自分」を知っているわけですから、結局は自己嫌悪に陥り、「自分を嫌う」ハメになってしまいますよということです。人は、世界中の誰に嫌われるより、「自分自身」に嫌われることが一番怖いのです！

だって、あなたは「あなた」と決して離れることはできず、朝から晩まで、またはそれを思い出すたびにあなたを次から次へと責め続けてくるのですから。これからは「ありのままの自分」を目指し、「ありのままの自分」を優しく受け入れてあげましょう！

「ウソ」は自分を傷つけるだけ。ありのままに、正直に

ときには思い切って、清水の舞台から飛び降りてみる

先日、私のコーチングのクライアントの女性からこんな嬉しいメールをいただきました。

「女優になりたい」という夢を持っている20代の方です。


水谷先生、こんにちは。Yです。

嘘みたいな話なんですが、プロダクションのオーディションに合格し、所属できました！

あまりにあっさり行きすぎて、まるで夢の中にいるみたいです（笑）。まだ、実感がわいてこなくて「不思議だなぁ」って思います。

「ここはちょっと大きいから無理だろうな？」と思って応募したところに所属できました。

書類審査の時点で、そこしか通過できてなかったんですけど、逆にここしかないから、もう受けるしかなかったんです（笑）。

尊敬している俳優の名前を聞かれても、名前を間違えるとか、もういろいろやらかしたん

ですが、合格するときって本当にしちゃうんですね？　びっくりしています。

先生の「ありのままでいいのよ！」を思い出して、本当にそうしてみたんです。ありのままで、よかったんですね。ありがとうございます♪

SY様

この方、もともとダンスなどをやっていらっしゃる方だったのですが、「女優になりたい」というご自身の夢を抱えたまま、漠然とただ同じような毎日を過ごしていらっしゃったんですね。たぶん夢を持ちながらも「でも、どうせ私なんて無理に決まってる！」などと勝手に自分で思い込み、まったく身動きひとつ取れずにただ時だけが過ぎてしまっていたのだと思います。

そんなときにコーチングにいらっしゃったので、「もっと具体的にいろいろ調べたりして、『自分のこうなりたい』をさらに明確にし、自分の直感に従って、思い切って前に一歩踏み出してみたらいかがですか？」とアドバイスさせていただいたわけです。そして、それからひと月も経たないうちにいただいたのが先のメールでした。

でも、彼女からのメールを読んでいると、「へっ？　うそ？　合格しちゃったわ！　意外と簡単だったのね」という感じが如実に伝わってきませんか？　実は、私は人生の中でもう何度も「思い切って清水の舞台から飛び降りてみる」というような経験をしているので、実感としてわかるのですが、「こんなこと、私には絶対に絶対に無理！」などと思えるようなことを、覚悟を決めて「エイヤッ！」とやってみると、「あれ？　いつの間にかできちゃったわ！」ということがほとんどなのです。

つまり、私たち人間というものは、なにかに挑戦する前から自分自身で「こんなこと、私には絶対に不可能だ」「こんなすごいこと、私には叶えられるわけがない」などと思い込み、自分の目の前に自ら勝手に「乗り越えられないと思えるほどの高い壁」を創り上げているのだということです。そして「その壁」があまりにも高く見えるために、まだ一歩も踏み出さないうちから「自分の夢」を早々に諦めてしまう人のなんと多いことでしょう！

一方、彼女のように一度「清水の舞台」から思い切って飛び降り、「なんだ！　壁って意外と低いじゃない！」と経験として気づいた人は、これからの人生で同じような場面に遭遇したときにも「今度も壁はとっても低いかも」と思うので、恐れることなくなんにでもチャレンジできるようになり、その先は「冒険」のような楽しい人生になっていくことでしょう。この「自分で勝手に創り上げている壁」が、本当はどんなにどんなに低いものであるか、ぜひ多くの方々に経験・実感していただけたらなぁと思います。

そこにある「壁」は案外低い！

思い立ったら「即、行動！」

私は、基本的にいつもいつも「自分が面白いと感じること」や「自分が楽しいと思うもの」などを探していて、「あっ！　これ面白そうだな」と思い立ったら、できる限り「即、行動！」に移すようにしています。もちろん、中には「海外旅行に出かける」とか、「時間をかけて調べないと、すぐに行動には移せないこと」などもありますが、実際かなり多くのことが「即、行動！」に移せるものです。

たとえば、私の興味をひくような本を見つけたら、すぐに買って一気に読んじゃうとか、面白そうな映画を見つけたら、ひとりでもさっさと映画館に観に行ったり、レンタルできるものならすぐに借りちゃうとか。「これ、絶対に行きたい！」と思うようなイベントを見つけたら、即、チケットを購入する、などなど……。

いつだったかも、東京の六本木で『スター・ウォーズ展』なるものが開催されているというニュースを見つけました。『ハリー・ポッター』の一連の映画も大好きですが、『スター・ウォーズ』のシリーズも負けず劣らず大好きな私としてはいてもたってもいられなくなり、早速その展覧会の詳細を調べ始めました。

どうやら私がそのニュースを見つけたのがずいぶん遅かったらしく、開催期間の残りの日にちは限られてはいたのですが、次なる東京行きのスケジュールを確認してみると、まだ見に行けるチャンスはあるではないですか！「やった〜っ、ばんざ〜い！」

そして、後日、上京時にワクワクしながら六本木ヒルズに出かけ、『スター・ウォーズ展』をひとりで満喫してきました。ただでさえ私はいろいろユニークな体験をしていると思うのですが、「即、行動！」に移す分だけ、その「量」においても人様の何倍も日々の生活の中で自分自身を楽しませているかもしれません。

ちょっと余談になりますが、『ハリー・ポッター』にしろ『スター・ウォーズ』にしろ、これらの映画の中で私が一番「面白い！」と思う部分はいずれも同じようなところであり、それはその道のマスターたち（『ハリー・ポッター』ではダンブルドア校長とか、『スター・ウォーズ』ではジェダイ・マスターのヨーダとか）が度々こんなことを呟いてくれる場面なんですよね。「自分を信じろ！　自分を信じろ！」と。

いつか、ではなく、今。なにごともそれが大事

好きなときに、好きなものを、好きなだけ食べる

私のような自己啓発関係の仕事、「心」や「意識」を扱うような仕事をしていると、どうも一種の「仙人」のようなイメージを持たれるのか、時々面白い質問を受けることがあります。たとえば、私は「塊の肉」が小さい頃から好きではないので（でも、餃子、焼売、ハンバーグなどのひき肉料理は好きです）「肉は苦手なんです」などと言おうものなら、「やっぱりベジタリアンでいらっしゃるのですね？」などという質問がすぐに返ってきてしまうのです。

また、私が「お酒は飲みません」などと言おうものなら、「やっぱりお仕事柄、お酒も飲まないのですね？」などと言われてしまいます（笑）。いえ違うのです。お酒を飲まないのではなく、昔から体質的にお酒が身体に合わないし、飲んでも「美味しい！」と思えないので飲まないだけなのです。

もちろん野菜は大好きですが、私は決して「ベジタリアン」などではなく、また無理に「禁酒」や「断酒」をしているわけでも全然なく、それどころか私の食事に関する基本は、「好き

なときに、好きなものを、好きなだけ食べる」というものです。また、健康面に特別に配慮して食事を考えているわけでもなく、太るのを気にして「甘いものを控える」とか「脂肪はあまり摂らないようにしている」などということも一切なく、ただいつも好きなときに、好きなものを、好きなだけ食べているだけです。

なんてったって私の大好物は「チョコレート」であり、ケーキも大好きなので一度に2個や3個は平気で「ペロッ！」と食べちゃいます。また、「パスタ」も大好きなので、毎日食べてもきっと満足だと思います（以前イタリアに旅行したときに、現地のパスタがどこに行ってもやたらに美味しく、「私、朝昼晩とパスタでもいいかも？　イタリアでも十分暮らしていけそう」と思ったくらいです）。

ただ、食事の量は、人よりちょっと少ないかもしれません（そもそも私は身体が小さいので、子どもの頃からどちらかと言えば「食が細い」傾向でした）。でも、食べるときにはガッツリ食べるので、「へぇ〜、意外と食べるのね!?」と驚かれることもしばしばです。

それから、基本的には「お腹いっぱい」の状態より「お腹が空いている」状態のほうが好きです。なぜなら、「お腹いっぱい」のときには、身体がグッタリしてしまって動く気力や「ヤル気」が削がれてしまうのですが、「お腹が空いている」ときはなんだか心地よく、心も身体も「ヤル気」に満ちあふれるからです。この「お腹が空いている状態」のほうが好きなので、基本的には「時間が来たから食べる」というよりは、自然と「お腹が空いたら食べる」ようにしています。

「お酒は飲めない」という話をしましたが、「飲み物」に関しても基本的にブラックのコーヒーばかりを一日に何杯も飲み、あとは少量のお水を摂るくらいです。つまり、「食べ物」同様「飲み物」に関してもなんのルールも持ち合わせておらず、ひたすら「好きなときに、好きなものを、好きなだけ飲む」というだけです。

もちろん、「不味《まず》いもの」「どう見ても美味しそうに見えないもの」「貧相な食事」を自分に与えるようなこと、つまり「自分が決して気持ちいいと思えないような食事」を与えることはしませんが、なんの制限もルールも作らず、できるだけ自分の心の赴くままに食べているだけ。実はそれが一番「自分の心と身体の栄養になる」と、私は考えているからです。

食事も、「気持ちいい」を優先する

年賀状はもう25年以上も書いてません

私は、どういうわけか小さい頃から「規則」や「ルール」といったものに「縛られること」があまり好きではなかったようなのですが、両親共に頭がカチンコチンの人たちだったので「常識」や「マナー」などを徹底的に叩き込まれ、いつも堅苦しく窮屈な思いを抱えていました。当時は「生きるって、なんて大変なんだろう」とよく感じていたものです。

しかし、大人になって「人の心や意識」を研究していくうちに、「人がどれだけ『こうでなければならない』『ああでなければならない』と自分自身を縛り付けているか」「そして、それらがどれだけ『生きる』という純粋な喜びを阻害しているか」ということに気づいたわけです。以来、私はできる限り自分の心の中で「～しなければならない」「～でなければならない」といった類の考えを見つけ出しては、そんな「縛り」や「制約」をドンドン外し、ますます身軽で自由で楽しい人生を自らの手で創り上げてきたのです。

たとえば、みなさんに一番驚かれる事例をお話しすると、私はもうかれこれ25年以上も「年賀状」を書いていません。私にとってこの「年賀状」は、恐らく「～しなければならない」と思い込んでいたものを「意識的に捨ててみた」初めての経験だったかもしれませんが、ちょうど27歳でアメリカに渡ったのをいい機会に、５年後に日本に帰国してからも一切書くのを止めてしまったのです。

こんなことはいちいち人様にお話しするわけではありませんので、今までの長い年月の中で年賀状を私に送ってくださって私が返信しないのを知って、「まあ、なんて非常識な方！」「失礼な人だ！」などと思われたかもしれませんが、私は「誰かにどうのこうの言われる」ことよりも、いつも「自分がどう思うか、どう感じるか」を大切にしているので、あまり気にも留めていないのです。

私の「年賀状は書かない」という考え方を知っても、なお何十年と毎年年賀状を送ってくださる方もいらっしゃいますし（それでも私は書かないのですが《笑》）、私のほうも「年賀状」は書きませんが、「連絡を取りたいときに、連絡を取りたい人には、連絡を取る」ようにはしていますので、「年賀状を書かないから友達が激減した」などということは全然ありません。

しかも、現代はメールなどでも簡単に連絡できる時代ですものね。

もしかしたら、今の若い年代の人は「年賀状」をあまり書かなくなったのかもしれませんが、それでも昔の私のように、11月の末頃になると「あ〜、また年賀状の季節だ。年賀状書かなきゃなぁ……」などと憂鬱になり、せっかくの年末休みも年賀状書きに追われ、大晦日になって「やっと書きあがった、やれやれ」などと思っている人も多いかもしれませんよね。

もちろん、「年賀状を書く」ということを否定しているわけではありませんが、「自分が楽しいからやる」のではなく「〜しなければならないから、やる」というなら、自分を縛って心を窮屈にしてしまうだけなので、できる限りその「縛り」や「制限」から自分を解放してあげましょうということです。ちなみに、いつだったか、私のコーチングのクライアントの40代の女性から「今年は、生まれて初めて思い切って年賀状を出すのを一切止めてみました！」とご報告がありましたが、「実際、ご自身で体験されていかがでしたか？」と私が尋ねると、「と〜っても解放された気分です！」とのことでした。

楽しめないことは無理にやらない。つながる方法は、いくらでもある！

車の中で大声で「歌う」

考えてみれば、若い頃は年中「音楽」を聴いていたような記憶があるのですが、年齢を重ねるに従って、めっきり聴く機会が減ったように思います。それでも「音楽」というものは、人の心にすぐにス～ッと染み入ってきて、気分転換を図ったり、自分の気持ちを盛り上げたりするのには最高のシロモノですよね！

私の場合は車でひとりで出かけるときに車中で音楽を聴いています。しかも「ただ聴く」というだけではなく、大声を張り上げてノリノリで歌いまくるので、家に帰って来たときには喉がかれてしまっていることもあるほどです（笑）。

そうそう、昔から友人、知人によくこんなことを言われましたっけ。「この間、水谷さんの車とすれ違ったけど、なんかひとりで楽しそうに大きな口開けていたよ。歌でも歌ってたの？」

実は人前で歌う「カラオケ」はそんなに好きではないのですが、車の中は自分の部屋みたいなもので、大声で歌っていてもどなたにも迷惑をかけませんからね。もちろん、気分が滅入るような曲をかけるわけではなく、より気分が楽しくなるような曲ばかりを選び、そして大声を張り上げて歌って、ひとりで「スカッ！」としているわけです。

テレビ番組、映画、書籍、音楽、なんでもそうなのですが、私たちは目や耳から入ってくるものに知らず知らずのうちに相当に影響を受けてしまうものです。「暗いもの」を見たり読んだり聞いたりすれば、心の中もどうしても暗くなりますし、「明るいもの」「楽しいもの」「面白いもの」を見たり読んだり聞いたりすれば、心の中もますます明るくなるものです。

ときには「しみじみ」とした気持ちに浸りたいということもあるでしょうし、自分の気分をリラックスさせたいときには「ゆったりと落ち着いたきれいな音楽」がいいとは思いますが、特に気持ちを切り替えたいときなどには、できるだけ「明るく」「楽しく」「元気な」音楽を聴きながら、しかも大声で思いっきり歌ってみましょう。すぐにまた「よっしゃ〜！　やるぞ〜っ！」という気になること請け合いです。

「大声」で歌って気持ちをリセットしよう！

「パワースポット」には、ほとんど興味がないんです

いつの頃からか「パワースポット」という言葉が語られるようになり、みなさん競って「パワースポット」に出かけるようになりましたよね。元々は昔から「聖地」として崇められていたようなところが多いようですが、とにかく大地、水、岩、森林といった大自然や神秘的なものからのパワーをこの身に受けようとする試みから始まったものなのでしょう。

私自身はあまり詳しくはありませんが、海外だとアメリカのアリゾナ州にある「セドナ」が有名ですし、日本だと「富士山」とか「出雲大社」とか……。そうそう、うっかり忘れていましたが、私が住む三重県には「パワースポット」としても名高い「伊勢神宮」があるのでした！

ちょっと調べてみたところ、２０１３年には伊勢神宮の参拝者が、「式年遷宮」と「パワースポット人気」が相まってか１０００万人を突破したそうですし、アリゾナ州の「セドナ」には年間４００万人もの観光客が訪れるそうですから、世界各地に点在する「パワースポット」

を求めて出かける人はものすごい数になりますね。あらためてビックリです。

さて、かくいう私は「パワースポット」なるものに実はほとんど興味がありません。もちろん、大自然の美しさや壮大さの中に身を置けば、心地よく、厳《おごそ》かな気持ちや、癒やしを感じることでしょう。自然や霊験あらたかな場所に身を置くこと自体を否定するものではありません。

私も昨年にパラオ共和国に行き、大自然の美しさを大いに堪能してきましたが、それはそれは楽しく大満足な旅でした。また、「近いうちにオーロラをこの目で見たいな」とか、「アフリカの自然の大地を思いっきり駆け抜けてみたい！」といった夢もたくさんあり、今後も自然といっぱい戯れることを楽しみにしています。

しかし、私としては「この世界で最強のパワースポットは、自分自身の心の中にこそある」と思っていて、「外から一時的にいいエネルギーを受けたところで、根本的に自分自身が変わらなければ結局なにも変わらない」と感じているので、「パワースポットに次から次へと行く時間があるのなら、毎日自分のハートを磨いて、思いっきりパワーが出せるようにしておこう」などと考えてしまうわけです。「どこにいても、私自身がちゃんと願いさえすれば、いつだってどこでだって夢や希望は叶う！」と信じている私には、「パワースポット」よりも、自身の「心」や「創造力」がなにより大切で、頼りになる存在なのだということです。

どこにいても、「あなた自身」がパワースポット！

「ビジュアライゼーション！」これはもう私の生活の一部です

「ビジュアライゼーション」とは、私がいつもみなさんに声を大にして、強烈におすすめしている「夢や希望を叶える方法」のひとつで、文字通り「自分の夢や希望が叶ったところを心の中で想像する、イメージする、ビジュアル化する」ということなのですが、私の場合はもう何十年もこの「ビジュアライゼーション」をやっているために、今ではすっかりそれが自分の「癖」や「習慣」になってしまっていて、生活の一部として溶け込んでしまっています。

先日もこんなことがありました。東京は赤坂のとある会社でセミナーを行うために、電車で移動していたときのこと。「新橋」で地下鉄に乗り換えて行かなければならないことがわかったので「新橋」の駅へと向かっていたのです。

電車の中で「次は新橋、しんばし〜！」というアナウンスを聞きながら、「新橋の駅で降りるなんて、いったい何年ぶりかなぁ?」などと考えていました。そして、次の瞬間、突然こんなことを思い出してしまったのです。

「ん？　新橋と言えば、私の大大大好物のレイズン・ウィッチのあのお店が駅前にあるじゃない？　せっかくだから買って行こうかな？」と。

こんなことを思った瞬間、私はもう「その大好物のレイズン・ウィッチを嬉しそうに食べている自分」を一瞬のうちにビジュアライゼーションしています。だって、これはもう「癖」ですから（笑）。

そして、時計を確認してみると、あら残念！　その日は慌ただしい日だったので時間の余裕がほとんどなく、セミナー開始の時間が刻一刻と近づいているではありませんか。「まあ、仕方ない。今日は諦めて、次の機会にしようかな……」そして、そんなことを思ったことさえ忘れ、お目当ての会社へとひたすら向かったのでした。

その日のセミナーでは、私は途中で「引き寄せってね、自分の望んだものを家族とか、あるいは友人、知人とか、つまり身近な人たちが届けてくれるケースがとっても多いんですよ。まあ、これは物理的に届けやすいってこともあるんでしょうけどね。でも、誰かが無意識に自分の思いをキャッチしてくれて、協力してくれてるってわけです」などという内容のこともお話ししていました。

さて、2時間のセミナーが終わったとき、参加者のAさんが「良かったらみなさんでこれ召し上がってください！」と、差し入れしてくださったお菓子が回ってきました。見れば、なんと、私がつい2時間半ほど前にビジュアライゼーションしたまさにその「レイズン・ウィッチ〜ッ！」。

「早〜っ！」私はただもうひたすらおかしくって、思わず吹き出してしまいました。目の前に座っていた「私が大のここのレイズン・ウィッチファン」だと知っている知人男性も、レイズン・ウィッチを見るなりすでにクスクス笑っています。

そして、私が「コトの次第」をみなさんに説明すると、会場から大爆笑が起こりました。当事者のAさんは、「水谷さんの引き寄せの協力？　ができたのは嬉しかったです。最初は別のものにしようと思ったのですが、『やっぱりこれでしょ！』って感じたんですよね」と。

ねっ？　「望んだ者勝ち」と言うとちょっと変かもしれませんが、「ビジュアライゼーション」を生活の一部にしてしまえば、こんな「嬉しいコト」「楽しいコト」が年中たくさん起こるんですよ！　こんなに簡単でありがたいもの、「やらなきゃ損！」だとは思いませんか？

ビジュアライゼーション。それは、人生を思い通りにする最強の方法♪

ここで、「ビジュアライゼーション」のやり方をごくごく簡潔に説明しましょう。さらにビジュアライゼーションの詳しいやり方や注意事項等をお知りになりたい方は、拙著『誰でも「引き寄せ」に成功するシンプルな法則』（講談社）をお読みいただけると幸いです。

①「たった今、あなたの夢や望みが叶った場面」を具体的に明確にイメージする
②そのイメージを見ながら、自分の夢や希望が叶った喜びを思いっきり感じる
③最後に、宇宙に「ありがとうございました」と感謝する

これをさらに短く言えば、「ビジュアライゼーション」とは「見る」「喜ぶ」「感謝」するという、たったこれだけのこと。しかも「ビジュアライゼーション」にかかる時間は、短いときではほんの20～30秒、長いときでもものの数分くらいです。本当に簡単すぎるほど簡単でしょう（笑）？

そして、あとは安心して待っていると、「宇宙」が「それ」をあなたの元に「早く確実に届く方法」を考え出してくれて、後日、なんらかの形で「あなたの現実」となって返ってくるのです。

第4章

自分を大切にする

たまには「寝たふり」してもいい

私は1対1の個人コーチングを行っているのですが、興味深いことに、別々の方から似たような話を立て続けに聞くことがあります。

いつだったかも、ある方からこんな話をうかがいました。

「私、美容院に行って帰ってくると、なぜかいつもグッタリしちゃうんですよね。本来は、美容院ってリラックスできる場所だと思うんですが……」。すると、それから数日で同じように「美容院に行って帰ってくると疲れる」という話を複数の女性クライアントからうかがったのです。

実は結構多くの方が似たような体験をされていらっしゃるのではと推察しますが、どうして美容院に行くと疲れてしまうのか、おわかりになりますか？　みなさん「知らず知らずのうちに気を遣っている」からです。

美容院で過ごす時間の多くは1対1の時間となりますよね？　カットのときにはひとりのス

タッフの人に切ってもらい、シャンプーのときには別のスタッフの人に洗ってもらいと……。２人がかりでカラーやパーマなどをやってもらうこともあるでしょうけれど。

そしてその間、あちらも「お客様商売」ですから、お客様に気を遣い、退屈させてはいけないとばかりに「ああだ、こうだ」といろいろ話題を探し出しては話しかけてくるわけです。「最近、どこか旅行に行かれましたか？」とか、「〇〇っていう今話題のお店に先日行ってみたんですけど、結構美味しかったですよ」などなど。

それらの話題が自分にとっても興味があることだったり、面白いことだったりした場合には、もちろん聞いたり話したりしていてもほとんど疲れはしませんが、きっとここで多くの人が「相手」に合わせてしまい、「最近はどこにも旅行してないけど、そちらは？」とか、「へえ～、〇〇ってお店、そんなに美味しいの？　私も今度行ってみようかしら？」などと一生懸命応対しているのでしょうね。そんな光景が目に浮かんでくるようです。

さて、いつも「ありのままの自分」を目指している私ももちろん、美容院には行きますので、そんなことに遭遇することがあります。そんなときにはどうしているのかと言えば、あまり喋りたくない日には、「今日はこんなふうにしてくださいね」と注文するや否や、さっさと雑誌を食い入るように読み始めてしまうとか、聞いていて「つまらないなぁ」と思ったら、

「あっ！　そう言えば」などと急に相手の話をさえぎって、自分の好きな話題に変えてしまうとか、「失礼！　トイレをお借りしたくなっちゃった！」と席を立ってしまうとか、最終的には「寝たふり」さえしてしまいます。

一生懸命に美容院のスタッフのみなさんに気を遣い、「この人はお話し好きなんだ！」と勘違いされて、毎回毎回耳元で喋り続けられてしまうより、「マイペースな方なのね」と思ってもらって、「伸び伸びとしたありのままの自分」でいられるほうが自分にとって心地いいに決まっています。すべての人に「あの人はとってもいい人だ！」などと思ってもらう必要はないのですから、私としては「もっとご自身を大切にしてあげていただきたいな」と思う次第です。

あの手この手で、自分の心地よいペースに持ち込もう！

「なんで値段見ないの？」

先日、私と友人2人と計3人でお茶をする機会がありました。いろいろ話をしている中で、ひとりの友人がもうひとりの友人に向かって、「そうそう、ユキちゃん（私のことです）たらね、一緒にショッピングに行くと、好きなものを見つけたときには値段も見ないで『これ、ください！』って買っちゃうのよ！」と言いました。

そういえば、彼女と一緒にショッピングに行った際に、何度か「ねえ、ユキちゃん、なんで値段見ないの？」と言われた記憶がよみがえりました。それを聞いていたもうひとりの友人男性が、「えっ？　値段見ないんですか？　友紀子さん、なんでですか？　僕なんか、値段を真っ先に見て決めるのに」と。

「なんで？」と聞かれても、私の中にはいつも決まりきった答えしかありません。「それが好きだから」あるいは「それがどうしても欲しいと思ったから」です。

もちろん、マンションや車といった大きな買い物を年中しているわけではなく、ふだんのシヨッピングでは、洋服、靴、バッグ、アクセサリーといった程度のものを買うわけですから、「だいたいこれくらいの値段かな？」とは自分なりに予測しているのだとは思います。でも、それ以上に自分の中の「大好き」を最優先している私は、一目惚れしちゃうようなものに出会うと、さっさと「これ買う」と決めてしまうのです。

値段を見ずにレジに持っていって、お会計の際に「桁違いに大きな金額」を提示された場合には、そのときはそのときで正々堂々と「あらら？　こんな高価なものだとは思いませんでした。ごめんなさい！」と言って買うのをやめると思います。幸運にも、そんな経験は記憶にはありませんが……。

それからもうひとつ、私が買い物で値段をあまり気にしない理由は、「お金を使っても、それなりの収入がまた入ってくる！」といつも信じ込んでいるからだと思います。多くの人が「これを買っても支払いできるかしら」とか、「これを買ったら今月は残りがこれだけで……」などと考え始め、結局「出費」による不安や心配のほうが先立ってしまうのでしょう。

実は、つい先日も突然欲しいものがふたつ出てきてしまい、ポンポンとそれらを同じ日に購入してしまったのですが、「まっ、これもなんとでもなるでしょ！」といつもと同じようにあっけらかんとしていたら、翌日、まったく予想外のところから急に臨時収入があり、念のために調べてみると、前日私が買ったふたつのものの合計金額とほぼ同額だったのです！　ありがたいことに、私の身の上にはいつもだいたいこんな感じのことが起こるのです。

つまり、私が値段を見ない理由は、自分の「好き」を大切にしているのと同時に、その根底に「お金は、いつだってなんとかなる！」と思い込んでいるからなのです。「これを買っても、払えなかったらどうしよう？」などと考えていると、その通りに、「買っても払えなくなる」という現実を見事に引き寄せてしまうのでよくよくご注意を。

「大好き」を中心に考え、迷わない

他人に従ってるだけの「旅行」じゃ満足できない！

どなたかと「旅行」についての話をしているときに、その人が「私が旅行に行くときは、いつも友人の計画してくれるものに便乗させてもらうのですが……」とおっしゃいました。あまりに驚いてしまった私は、「えっ？　いつもどなたかが計画した旅行について行くだけなのですか？」と、思わず口を挟んでしまいました。

すると、彼女は「はい、いつも友人の計画に従って行くだけです」と……。ますます驚いてしまった私は、「自分で事前にガイドブックとか買って『あそこも行きたいんだけど、いい？』とか、『ここも面白そうよ、寄ってみようよ！』とか、自分の意見を言ったり、もしくは別行動をするとか、そういうこともしないんですか？」と、さらに突っ込みを入れてしまったのです。

すると、彼女の答えはまたしても「ＮＯ」で、私は「う〜ん？」と唸らざるを得ませんでした。だって、あまりにも私の「旅行」とその趣が違っていたからです。

私が誰かと一緒に「旅行」に出かけるときは、できる限りいろいろなことを自分自身で調べます。せっかく行くのですから、「自分の見たいところは見たい！」「自分の行きたいところは行きたい！」「自分のやりたいことは経験したい！」つまり、思いっきり現地を楽しみたいという気持ちがあるからです。

だって、自分の見たいところ、行きたいところ、やりたいと思うことと、他人の望むそれらとは、中には同じものもいくつかあるでしょうけれど、絶対違うものもありますよね？

だからこそ、全部他人任せで「どこでもいいから行く！」「なんでもいいからやる！」とは、私としては到底思えないわけです。

過去の旅行で実際に何度か経験しましたが、もし、お互いの「行きたいところ」が合わなければ、現地で「別行動」を取ればいいだけの話です。「別行動」をすれば、お互いがそれぞれの「行きたいところ」に行ったり、「やりたいこと」をやったりして共に満足できるのですから。

それから自分自身で「旅行先」のことをいろいろ調べると、それだけで気分がますますワクワク高まってきますし、また「今まで自分が知らなかったこと」をたくさん発見することができて、それはとても楽しいものです。旅行に行くなら、友人任せ、旅行代理店任せではなく、ぜひご自身で調べ、計画してみましょう！　きっと今までの何倍も楽しい旅行となるはずです。

自分からワクワクできなければ、本当の楽しみは得られない！

他人の喜びを「まるで自分の喜びのように」楽しむ！

私は、基本的に他人の「すごい話」「幸せな話」を聴くことが大好きです。なぜなら、そんな素晴らしい話を聴くと、「素敵！　私も頑張ろう！」という「刺激」や、自分自身を奮い立たせる「大いなる励み」を受け取ることができるからです。私にもまだ「伸びしろ」はいくらでもあり、今後もその「自分自身の伸びしろ」こそを思いっきり楽しみたいと思っているものですから。

いつだったか知人が「思い切って３５０万円のダイヤモンドの指環を買っちゃいました！」と報告してくれたことがありました。「３５０万円のダイヤの指環？　すごい！」まだその指環を見てもいないのに、まるで自分がそれを買ったかのように私はその場で狂喜乱舞！

そして彼女に「次に会うときには、ぜひその指環をつけてきてくださいね！」とお願いし、再び彼女と会ったときには、ちゃっかりその３５０万円のダイヤの指環を私の指にもはめさせていただきました。「ステキ、素敵～！　私もいつかこんな素敵な指環を自分に買ってあげよう！」などとワクワクしながら。

　また、ある日のこと。男性の知人からこんな素敵なお知らせが届きました。「友紀子さん、僕、テニスの楽天ジャパンオープンの100万円のプレミアムホスピタリティーシートが当たったので、思い切って買っちゃったんです！」と。

「100万円のプレミアムホスピタリティーシート？　もしかして錦織圭君などの試合をすぐ目の前で観られちゃうわけ？　すっご～い！」と、私はまたまたまるで自分がそのチケットを購入したかのように大興奮！　そして、いまだかつてテニスの試合など一度も観に行ったことのない私は、突然それに興味津々となってしまい、またまたちゃっかり彼にこんなお願いもしておきました。「ねえねえ、それってまるまる1週間分のチケットよね？　仕事などの関係で試合を毎日観に行けないことが、もしかしたらあるかもしれないわよね？　そのときは、ぜひぜひ私に譲ってね、私もテニスの試合観たくなっちゃった！」と。

　ところが残念なことに、他人の「すごい話」「幸せな話」を聞いたときに「私なんて全然ダメだわ」と落ち込んでしまったり、「この人ったら私に見せつけてるのかしら？」などと嫉妬心や怒りで心の中をグシャグシャにしてしまう人がいるようなのです。私からすれば、このような話を聞いている時間は「ものすごく楽しい時間」なので、実にもったいない！

「嫌な気持ち」になってしまうのは、「あなた」が自分と他人を比較してしまう「癖」をお持ちだからです。自分が「勝った！」と思えば嬉しくなり、「負けた」と思えば無意識に悔しがって落ち込んだりしてしまい、「その人と同じような気持ちになって喜ぶ」どころではないわけです。特にこういう話の場合は、多くの人が「負けた」などと思ってしまうのです。

あなたの目の前に「羨ましいなぁ！」「すごいなぁ！」「素敵だなぁ！」という話を聞かせてくださる人が出てきたということは、本当は「さあ、次はあなたの番ですよ！　あなたもこうなれますよ！」というサインみたいなものなのですから、話を聞きながら「次は私の番なんだわ！　素敵！」とまるで自分のことを聞いているように喜び、その楽しい思い、嬉しい気持ちを一緒になって爆発させておきましょう。そうすれば、本当に「次はあなたの番」になるのですから。

次は、「私の番！」。だから、素直に喜ぼう！

「プレゼント」は自分のあげたいときにあげる

知人からこんな話を聞かされたことがあります。「叔父さんから宅配便でいただきものが届いたんだけど、その日の晩は仕事で疲れてて『お礼の電話は明日入れればいっか？』なんて思っていた矢先に叔父さんから電話があって、『届いたんならすぐに電話の一本でも入れて、礼ぐらい言うもんだ！』って怒られちゃったわ」と。

また、昔から私の母は、いただきものが届くと、その日のうちにデパートへと走り、すぐにお礼の品を買っては送り返すような人でした。そんな母の姿を長年見ながら、「なんか咄嗟《とっさ》に反応する機械みたいで、心底『ありがとう！』って感じじゃないよね？」などと不思議に感じていた記憶があり、「そんな人間関係って疲れる！」と思っていました。

さて、私はといえば、「年賀状」の話とどこか共通する部分があるのですが、当然のことながら「お歳暮」とか「お中元」という「堅苦しい慣習」はもちろん好きではなく、「自分のあげたいときに、あげたい人に、あげたいものをあげる」がモットーです。もちろん、自分が

「チョコレート大好き人間」ということもあり、「バレンタインデー」には遊びで、男女を問わず「私がチョコをあげたい人」にプレゼントしたりすることはありますよ。

私も長い人生の中で何人かの「自分のボスや上司」という人がいたのですが、そんな人にも「お中元」だの「お歳暮」だのといった季節の贈り物をした記憶が一切ありません。それでも一度も仕事を「クビ」になったことがないところを見ると、やっぱりこういうことって本当はあんまり人生には影響ないんじゃないでしょうか。

先にご紹介した「知人の叔父さん」のように、誰かにプレゼントした後で「自分は○○をあげたのに、相手から喜ばれなかった」とか、「こっちはわざわざ○○を贈ったのに、お礼も言われなかった」などという話を耳にしますが、こういう話を聞くたびに「あなた、本心からその方にそれをあげたくてプレゼントしたの？」と思わず言いたくなってしまいます。だって、私のように「自分のあげたいときに、あげたい人に、あげたいものをあげる」というモットーで生きていると、「自分がそれをあげる」ということこそが「楽しいこと」であり、「あげる」ことで満足するので、たとえ相手から「お礼の言葉」がなかろうが、「お返し」がなかろうが、そんなことはちっとも「気にならない」からです。

もちろん自分が「チョコ大好き人間」だからといって、相手が「甘いものが嫌い」とわかっていて、チョコレートを無理やり押しつけるようなことはしないようには気をつけていますよ。「これ、あの人に似合いそう」とか、「これ、あの人絶対に好きよね？」などと考えながらプレゼントを選ぶのも楽しい時間ですしね。

でも、「義理」だの「慣習」だのに囚われてプレゼントをあげるより、「自分のあげたいときに、あげたい人に、あげたいものをあげる」というほうが、よっぽど「心」がこもっていると私は思うのです。しかも、相手の方にとってもそのほうが「絶対に嬉しい！」に決まっていますから。

自分が大いに楽しめれば、見返りなど一切必要ない

無理に「我慢」しない！

「好きなときに、好きなものを、好きなだけ食べる」の項でも書きましたが、私は「塊の肉」が基本的に好きではありませんし、おまけに「できるだけ自分の心に正直に、無理に自分を我慢させない」と思って生きている人なものですから、ときに面白いことを巻き起こしてしまうことがあります。これは私が国会議員の公設秘書となってすぐの頃の話です。

ボスから「今晩は打ち合わせをするから」と言われ、ホテルの高級レストランでボスと共に私を含む３人の公設秘書たちが一緒に食事をすることになりました。ボスはとっても「お肉」の好きな方でしたので、その日もメニューを見るなり「これ！」と高級なステーキを指さしていました。

そして、私たち秘書３人に向かって「君らも同じでいいか？」と尋ねてきました。ひとり目の秘書は「はい、お願いします」、ふたり目の秘書も「私もそれでお願いします」で、次は私。

ここで普通の人なら「いくら肉が嫌いでもさ、ボスが『君らも同じでいいか？』って言ってるんだし、自分で支払いするんじゃなくてボスの「おごり」なんだから、『はい』って素直に言っとけばいいんじゃないの？　まだベテランでもないんだしさ」と思われるかもしれませんが、前述の通り、私はこの頃からすでに「自分に無理矢理我慢をさせない人」だったものですから、「すみません！　私は肉が苦手なので、他のものを頼んでもいいですか？」と答えました。すると、ボスの返事が「うん、好きなもの頼みなさい」だったので、私はお店の人に「シーフードの今日のおすすめを教えてください」と尋ね、「アワビのステーキです」とのことだったので、「アワビのステーキ？　美味しそう！」と思って、それを注文することにしたわけです。

さて、打ち合わせも食事も終わり、お会計の時間となりました。すると、請求書を見るなり、ボスがこう叫んだのです。「おい！　水谷君！　なんで君の料理が一番高いんだ？」と。「なんでって、だって好きなもの頼んでいいっておっしゃったじゃないですか？　で、本日のシーフードのおすすめが『アワビのステーキ』だって教えてもらったので、それを注文しただけなんですけど……」と冷静に「応戦」しました（笑）。

彼は苦笑いをしていましたけど、たぶん、この頃からボスには「コイツ、本当に変わった奴だ」と思われていたかもしれません。

また、こんな出来事もありました。

その頃のボスは、太りすぎでダイエットをしていました。ある日、ランチの時間が近づいてきた頃、「今日はお昼に〇〇の『うな重』注文しといて！」とボスが私に言ってきたので、言われた通りに注文したのです。

「うな重」が予定の時刻に無事到着すると、ボスが議員室から出て来て、「これ、半分あげる。君のお昼に食べなさい」と、その「うな重」の半分を私に差し出してきたのです。ここでまたまた普通の方なら、「ありがとうございます！　いただきます」ってところなのでしょうが、私は自分の気持ちに正直なものですから「えっ？　半分ですか？　半分じゃちょっとお腹がいっぱいになりませんから、遠慮しておきます」と言ってしまいました（笑）。

するると、なにが起こったと思います？　再び議員室に戻っていった彼は、「自分の分」として残しておいた「うな重」の半分をさらに半分にし、結局「はい！　それじゃあ、これを君に」と「うな重」の4分の3を私に持ってきたのです。これには私も大爆笑でしたが、結局、4分の3の「うな重」をいただいた私は、お蔭様でお腹がいっぱいとなりました！

ご厚意をお断りするのですから、「言い方」は大切だとは思いますが、「無理」はできるだけしないようにしましょう。

「我慢」や「忍耐」はフラストレーションをためるだけ

「お土産」は自分のために買う！

「『プレゼント』は自分のあげたいときにあげる」で書いたことと少し似ていますが、海外旅行などに行って、実に多くの時間を「お土産探し」に費やし、「いったい誰にそんなに配るのか？」というほど大量の「お土産」を持ち帰ってくる方をお見かけすることがあります。私からすれば、そんな光景を見るたびに「そんなに何度も何度も訪れる国でもないでしょうに、時間がもったいないんじゃない？」などと、ついつい思ってしまいます。

それに私たちが若かりし頃には、確かに「海外旅行ブーム」が始まったばかりでしたので、「海外からのお土産」はそりゃあまだもの珍しさもあり、大いに喜ばれたりしたものですが、歳月が流れ、海外旅行が当たり前となった現在では、「海外旅行土産」もすでにあまり珍しくもなく、大喜びされるシロモノではなくなってしまったような気がするのです。もちろん、「会社で休暇をとったのだから、サポートしてくれる同僚にお礼の意味で」、といった事情があれば、それは必要でしょう。だからといって、長時間お土産選びに費やすのはもったいない。

また、正直な話、私にとっては「お土産」という「もの」をいただくよりも、「現地でその方が体験した面白い出来事」などを聞かせていただく「お土産話」のほうがよっぽど嬉しいです。

さて、私が海外旅行に出かけて行った場合には、「自分のやりたいこと、自分の見たい場所、自分の食べたいもの」などを優先し、その途中、もし時間があれば「なにか現地の思い出になりそうな自分へのお土産」を探すことにしています。そして、「他人様へのお土産」は、どうしてもなにかの理由で必要な場合、あるいは「あっ！　これきっとあの方は喜ばれるだろうな？」というものが見つかったときにのみ購入するだけです。

当然のことながら、海外旅行に出かけても「家族」にだって「お土産」のないこともありますし、場合によっては（時間がなかったとか、「欲しいもの」が見つからなかったときなど）「自分」にさえ「お土産」を買わないこともあります。それでも、「お土産買い」に大量の時間を費やすこともなく、いつもほとんど「自分のやりたかったこと」はやり、「自分の見たかった場所」には行き、「自分の食べたかったもの」は食べ、そして現地の人々の生活を見たり、体験したりしていますから、それだけでも十分な「自分へのお土産」を、いつも私の「心」や「身体」に「記憶」としてしっかりと持ち帰ってきていると思うわけです。

自分の「旅」だから。お土産も自分優先！

「自分のことを笑える」自分でいる

私がまだ小学校の低学年の頃のことだったと思いますが、授業が終わって「さあ、帰ろう！」と学校内の古い木造の階段をバタバタと降り始めた途端に足を滑らせてしまい、そのまま階段の下まで転げ落ちてしまいました。気がつけば、私のミニスカートが見事に頭のほうにまでまくれ上がっていて、慌てて周りを見渡したところ、誰にも見られてはいなかったようで内心ホッとしながらも「こんな恥ずかしい場面、誰かに見られていたら生きてはいけない！」と思った記憶があります。

それからすでに「あっ」という間に半世紀近くが過ぎ、その間さまざまな「大失態」や「恥ずかしい場面」を何度も何度も経験してきましたが、いつの頃からか「自分をいつも客観的に見る」ようになったため、小学生の頃に抱いた「こんな恥ずかしい場面、誰かに見られたら生きてはいけない！」などと思うような「深刻な気持ち」はすっかり消えてなくなってしまいました。くれぐれも申し上げておきますが、決してそれは年齢とともに私が「オバサン化」してしまい、恥も外聞もなくなってしまったからではありませんからね、念のため……（笑）。

現在の私はどうなったのかというと、「大失態」とか「恥ずかしい場面」に遭遇すると思わずゲラゲラと笑い出してしまうのです。「たった今起こった変なこと」が「まるでスローモーション」だったり、「4コマのギャグ漫画」のように客観的に見えるためです。たとえば、自分の講演会の最中にノリノリになりすぎて、思わずマイクを自分の顔面に「ガ～ン！」とぶつけちゃうとか（今までにこれを3回やりました！）、自分では気づかずに間違ってデパートの男子トイレに入り、警備員のおじさんにジロジロ見られちゃったりとか、大笑いしすぎて座っていた椅子が後ろにひっくり返ってしまったりとか……（笑）。

でも、よく考えてみると、「自分ではなく、第三者がこういうことをやって、それを目撃したとき」には、私たちは思わず笑っちゃいません？（もちろん、ときには「笑いたいけど、笑ったら失礼だから笑えない」ところえるときもありますが）実際、私が自分の講演会の途中でマイクを顔面にぶつけたときには、参加者のみなさんは大笑いをしてくださいます。

つまり、自分では「大失態」とか「恥ずかしい場面」だと思っていても、それを客観的に見ている人たちからすると、単純に「面白い場面」なだけです。それなのに「うわっ、私ったらなんて失態をさらしちゃったんでしょう？　ああ、もう恥ずかしくて生きていけない！」などととらえ、「こんなことしちゃう私ってなんてバカなの？」などと自分自身を責めまくるので「余計に深刻な出来事」になってしまうわけです。

これからは、できるだけ自分のことを「第三者的な目」をもって見つめてあげて、なにがあっても「こんなことしちゃう私ったら面白い！」とか、「まるで私ってギャグみたい！」と大笑いしてあげましょう。そして「自分を責める」のではなく、「そんな私は結構ユニークよね？」とか、「私も可愛いとこあるじゃない」と「ありのままの自分」を優しく受け入れてあげましょう。

「自分を笑う」——それは、自分のありのままを受け入れること！

自分ひとりだけのために「ご馳走」を作る！

ひとり暮らしの女性たちから、「夕食はほとんどコンビニのお弁当で済ませています」とか、「毎晩、牛丼屋で食べます。もちろん違ったメニューを選びますけどね」などというお話をお聞きすることがあります。このような話を聞くと、私は思わずちょっと悲しくなってしまい、「そんなに自分を粗末に扱っていたら可哀そうよ！　もっと自分を大切に優しく扱ってあげなきゃ！」と叫びたくなってしまいます。

こういう生活を繰り返すと、なにが一番よろしくないのかといえば、「セルフイメージを自らドンドン落としてしまう」ということです。ちょっと考えてみてください。誰かにコンビニのお弁当を毎晩食べさせられたり、毎日同じチェーン店ばかりに連れて行かれたりしていて、「私ってとっても大切に扱われているんだわ！　嬉しい！」と思う人がいるでしょうか？（もちろんそれらが大好物で、心の底から好き、なら嬉しいのでしょうが）

そして、このような人に限って「自分には価値がある！」とは思えず、「自信のない人」に成り下がってしまっているわけです。そりゃそうです、いつもご自身でご自身のことを「あんたなんか、このくらいのもの食べてりゃいいのよ！」的な扱いをしていて、「まるで価値がない人」のようなことばかりを強要しているわけですから、「私はとっても大切な人だ！」などと自分で思えるわけがありません。

また、このような人は「どこか自信のない自分」には気づいてはいるのですが、「自分に自信がないのは、他人に褒められないからだ！　他人から評価されないからだ！」などと思い込んでいるために、「自分が自分を価値のない人として扱っている」ということに気づきもしません。

私も、用事で立て込んでいるときとか、原稿の締め切りが迫っているときとか、手の込んだ料理を自分に作ってあげられないときもありますが、私が「今日は餃子が食べたい！」と思ったら、自分のためだけにでもせっせと餃子を作りますし、「今日は天麩羅！」と思えば、一生懸命天麩羅を揚げますし、「今日は海老チリの気分！」と思ったら、これまたチャッチャカと海老チリの支度に取り掛かるわけです。そして、「なんでもいいから適当に盛りつけよう！」などということは決してせず、お気に入りの素敵な食器の上に「きれいで美味しそう」に盛りつけて、そして「自分」に「はい、どうぞ！」と差し出してあげるわけです。

「自分を大切にする」「自分自身を価値ある人として扱う」ということは、「料理」に限った話ではありませんが、特に「食事」は毎日のことですし、こんなふうに日々自分を大切に丁寧に優しく扱っているからこそ、「私って本当に価値ある人よね！」と自分自身で思えてくるのです。そして、それがひいては「自信」へとつながっていくわけです。

「自信」のある人は、自分のことを大切にできる人！

日々、ご褒美三昧！

私は、なにかちょっとしたことを終えては「偉かったね！　ご褒美、ご褒美！」とちょっとした食べ物（たとえばチョコレートやアイスクリームなど）を買ったり、本の原稿を書き上げては「やったね！　すごい、すごい！　これはまたご褒美ものよね」とアクセサリーなどを買ったり、実はなんの理由もなくたって「いつも頑張ってるからね、はい、ご褒美、ご褒美！」と洋服などを買ったりしています。つまり自分に対して大なり小なりの「ご褒美三昧」の日々を送っているわけです。

先日はまたひとつ、なんの特別な理由もなかったのですが、私自身に「ご褒美」をあげました。今回の「ご褒美」は食べ物やものではなく、以前から秘かに興味を抱いていた「ウォーキングレッスン」です。

なにごとも「初体験」が大好きな私にとって、それはワクワクな「ご褒美」で、しかも先生は私の知人で元モデルさんの、それはそれはゴージャスで素敵な方！　ちょっと歩くだけで、私たち一般人とはまるで違う「ため息が出るほどに美しい歩き方」は、本当に魅力的ですし、なにより「歩く」というのは身体における「生きる基本」だと考えていたので、「美しく歩けて、しかも身体にも良ければ最高よね」と考え、レッスンを受けることにしたわけです。

1時間半ほどのレッスンの中では、7～8センチのハイヒールを履き、腕を上に上げたり後ろに組んだりしながら、鏡の前を何度も何度も行ったり来たり歩きました。途中、「あれ？私ってモデルさんみたい。なかなかイケてない？」と一瞬錯覚してしまうような場面もあったりして、結果としては「うわぁ～、楽しかった！」と大満足。

ふだんの生活でショッピングをしたりしているときには、ものの数十分歩いただけで足が疲れたり痛くなったりして、「ああ、疲れた！　ちょっとお茶でも飲んで休もう」ということになるのですが、その日は1時間半もほぼ歩きっぱなしだったにもかかわらず、足がまったく痛くならなかったのです。

また、そのレッスン後も数日間自分の身体をじっくり観察していたのですが、足の筋肉痛もまったく出ないではありませんか！　「今までいったいどんな変な歩き方してたのかしら？買い物に行くだけで、あんなに足が疲れて、あんなに足が痛くなってたなんて……。おまけに美しく歩けていたわけじゃなし。ああ、もったいない！」と思いました。

そのウォーキングの先生によると、歩き方もやっぱり「癖」のようで、「一番大切なのは『癖づけ』です！　何度も何度も繰り返すことです」とおっしゃっていました。私は、「やっぱり心も身体も一番重要なのは『癖づけ』なのね」と笑ってしまいましたが……。

このウォーキングレッスンのお蔭で、「歩くこと」そのものがとっても楽しいものとなりました。これからハイヒールを履いてショッピングに出かけても2時間や3時間は平気でガンガン歩けそうです。今回の私への「ご褒美」は、日々の「ご褒美三昧」の中でもひときわ格別なものとなりました。

自分を向上させる「ご褒美習慣」、身につけよう！

できるだけ花を飾る！

先日、ある企業主催の講演会にお招きいただき、私の講演直後に主催者の方から「花束」をいただいたのですが、女性にとって「花束」というものは、いくつになっても嬉しいプレゼントのひとつですよね。私も友人や知人になにかをプレゼントしたいけれど「これ！」というものが見つからないときには、よく「花束」を選びます。

思い起こせば、小さい頃から我が家には、いつも「花」があちらこちらに飾られていた記憶があります。玄関、リビング、ダイニングにはそこそこボリュームのある花束が、そして、洗面所やキッチンなどの狭いスペースには「一輪挿しの花」……。

きっと私の母親が「大の花好き」だったのでしょう。そして、そんな「花のある生活」の中で育った私ですので、当然、私自身も「大の花好き」になってしまったに違いありません。私があまりお金のない頃にも、「最近、お花買ってないな」と思い立っては「お花屋さん」に走り、小さな花束を買ってきては飾っていましたっけ。

昔の造花と違って、今では「生花」とほとんど見分けがつかないほど、しかも、ラメやその他のアクセサリーで「生花」以上に豪華だったり、よりデコレーションを楽しめたりするものも出てきましたが、でもやっぱり個人的には「生花」が一番好きで、生花ばかりを年中家の中に飾っています。「生花」のそのリアルな「香り」や、それぞれの花の持つ独特の色や、「生長、変化」を含めての「生きてる感」がたまらなく好きなんだと思います。

人によって好みはあるものの、「花」は圧倒的にたたずまいが「美しい」ですから、家の中に花を飾っては、見るたびに「わぁ〜、きれい！」「やっぱりいつ見ても可愛いわね！」などと大いに楽しんでいます。「花」って「豊かさ」を感じさせてくれるものでもありますから、花を見ながら「豊かだなぁ！　嬉しいなぁ！」という思いも自然に発信しているわけです。

また、女性なら誰でも感じたことがあると思いますが、その姿や匂いから、花には「癒やし」の効果がありますよね？　レストランのテーブルに飾られた「一輪挿しの花」を見て、ホッとしてみたり、花の香りでイライラした気分が急に落ち着いたり。

私はホテルに泊まる機会も多いので、ホテルに飾られている「超豪華な花」を見ることも楽しみのひとつです。あんなに大きな花を自分の家の中に飾ることはまずありませんし、フラワーアレンジメント専門の方が飾っているのでしょうから、唸るほど格好良く、素敵すぎて思わずボ〜ッとたたずんで眺めてしまったり、「こんな組み合わせもあるのか。参考にしちゃおう！」などと思ってみたり。

私は本格的に「生け花」とか「フラワーアレンジメント」を習ったことはありませんが、生花を自分で飾るたびに自己流のアレンジメントを楽しんでいます。「今日もなかなか素敵にできたぞ！」とか、「この一輪挿しの花、とっても可愛い！」とか。つまり、「花を飾る」という中でも、いろいろな形でいっぱい遊んだり、楽しんじゃったり、「いい気分」を味わっちゃったりしているというわけです。

「花」はいい気分をもたらしてくれるもの。つまり引き寄せの強い味方！

最後は、「寝る」に限る！

時々、人様から「きっと毎日寝る暇もないほどお忙しいんでしょう？　睡眠時間はいつも4時間くらいですか？」などと聞かれることがあります。よく、立派な方々が「睡眠時間は4時間です」とか、「毎朝5時に起床して……」などとおっしゃるので、私のような自己啓発関係の仕事をしている人も「きっと睡眠時間が人より限りなく少ないに違いない」と思われるところもあるのでしょうが、いえいえ、4時間だなんてとんでもな～い！！

毎日ちゃ～んと少なくとも6～7時間は寝ております、はい。そりゃあ、本の原稿書きなどに没頭しているうちに「あらら？　なんだか外がもうすっかり明るくなってきちゃったわ」とか、明け方に寝て起きてみたらお昼だったとか、つまり普通の会社員の方々などとは時間帯がずれて生活している場合も時にはありますが……。

私も「気分転換する方法」や「リラックスする方法」は、自分なりにい～っぱい持ってますよ、たとえば「大声で歌う」「音楽を聴く」「ゴルフの打ちっ放しに行く」「チョコレートを食べる」「本を読む」「買い物に行く」などなど……。でもね、なにをどう考えたって心身ともに一番効くのは「寝る」ことだと思うんですよね〜。

身体を休めるには、「睡眠」が最も効果的だというのはみなさんよくよくご承知のことだと思いますが、心を休めるのにも「睡眠」が最も効果的だと私は思っています。私は昔っから精神的に「悩み」や「ショック」を抱えたり、「怒り」や「悲しみ」に襲われたときには、「あ、もう寝ちゃおう！」と布団をかぶってひたすら寝てましたね〜（笑）。

でも、そうして翌朝起きて朝日を浴びるとなんだか気分も変わってスッキリしていて、「あれって実は大したことでもないんじゃないの？」とか、「まっ、どうにだってなるわよね？」などと思えてくるものです。それをなにか問題でも抱えようものなら、「あ〜でもない！　こ〜でもない！」と頭をグチャグチャにして、ろくに寝もしないで夜中に考え込んでしまうから、余計に「良くない方向」へと行ってしまうのです。

だって、そういうときには往々にして「ああなったらどうしよう？」「もしこうなったら最悪！」などと次から次へとネガティブな考えばかりが浮かんできてしまうからです。ネガティブな思考を知らないうちにバンバン垂れ流してしまうくらいなら、さっさと寝て、「自分の思考をストップ」したほうがいいに決まってますよね？（笑）（「引き寄せの法則」は、私たちの

「睡眠中」には働かないからです）

私にとって「睡眠」もまた大好きな時間のひとつなので、毎晩布団に入ると「うふふ！」って感じで、ただそれだけで嬉しくなっちゃうのですが、これからは特に身体が疲れたときはもちろんのこと、心が疲れたときにも自分自身に「早く寝よ、寝よ～っ！」とすすめてあげて、とっとといい～っぱい寝るようにしましょう！　これも「心身ともに健康」の秘訣だと思います。

睡眠にまさる休養なし！

「人間」ほど「飽くなき好奇心」を掻き立ててくれるものはありません！

私は、物心ついた頃から、なぜか人間をじ～っくり観察するのが大好きで、誰かに「ご趣味は？」などと聞かれようものなら、すかさず「人間ウォッチングです！」と答えていたものです（笑）。若い頃の私の夢のひとつは、「ニューヨークのウォール街の喫茶店の窓際に一日中座り、街を行き交うたくさんの人々をず～っと眺めていること」でしたっけ……？

さて、これは私の４～５歳当時の記憶なのですが、ある日、隣の家に住んでいた私よりひとつ年下の男の子と遊んでいて、２人の間でこんな遊びを考え出しました。「ジャンケンで勝った人が床屋さん、負けた人がお客さんね」と……。

そして、ジャンケンで勝った私が床屋さん役となり、ハサミを使って彼の髪の毛をそれはそれは見事に一直線の「オカッパ」にしてあげたのです（笑）。ちなみに、私が彼の髪の毛を切ったことで、彼が泣いてしまったとか、切る前に彼が抵抗を示したなどという記憶はまったくありません（小さい子どもながらも、お互い了解の元に動いていたわけです）。

すると、その日の夕方だったか、お隣の坊やのお爺ちゃまが我が家に怒鳴り込んで来て、母親がおでこを床にこすりつけんばかりに何度も何度も頭を下げているではありませんか！　そんな母親の後ろ姿を呆然と見ながら、「どうして私たちの話もまったく聞かないで、いきなり頭をペコペコ下げてるのかな？　もし、私がジャンケンで負けてたら、私が髪の毛切ってもらうほうだったのに……。○○ちゃんと、ちゃ〜んと2人で話し合って決めたのに、なんでそんなに謝ってるの？」などと考えていたことを覚えています。

たぶん、この頃から、こんな細やかなことをきっかけに「人間」というものに俄然興味を抱いてしまい、私の「人間ウォッチング」が始まってしまったのでしょう（笑）。以来、小さい頃は周りの大人たち（両親、祖母、親戚の人々、学校の先生たち）を、物心ついてからは友人や先輩・後輩たちを、大人になってからはそれ以外にも会社の同僚や上司、知人やボーイフレンドまでをもじっくりじ〜っくり観察してきました（普通、子どもというものは、誰でも無意識に周りの大人たちをじっくり観察しているものだと思いますが……）。

そして、いろいろな「人間」を観察していくうちに「人って、なんて面白い生き物なんだろう！」と驚いてみたり、「人間って、なんと弱いことか！」と嘆いてみたり、「人って、なんて美しく素晴らしい存在なんだろう！」と心の底から感動してみたり……。でも結局、私自身が誰より一番興味をそそられたのは、「人間」の中でも「私」という存在だったのです。

多くの人々が「自分のことは、自分自身が一番わかっている」と漠然と思い込んでいて、実際、私も若い頃は「そう」思い込んでいましたが、自分自身を本当によく理解できるようになると「自分のことなんて、実はまったくわかっていなかったんだな」ということをつくづく思い知らされることになります。そして、自分のことを深く知れば知るほど、「んまぁ～！　私って『自分はいつも正しい』だなんて思い込んでたのね？　実に奇妙な人だったのね～」とビックリしてみたり、「うわっ！　こんなことで大騒ぎする『ショボい自分』もまだいたの？」と穴があったら入りたくなってみたり……（笑）。

つまり、自分を知れば知るほど、理解すればするほど、「変な自分」「面白い自分」「摩訶不思議な自分」「奇妙な自分」を次から次へと発見するわけです。「人間」、中でも「自分」という存在ほど、こ～んなにも「飽くなき好奇心」を掻き立ててくれるものは、他には絶対にないんじゃないかって思うほどです（笑）。

「人間」って面白い！　私は何より面白い！

本当の意味での「コミュニケーション」を楽しむ

「コミュニケーション」とは、ただ単に情報の伝達という意味だけではなく、もちろん意思の疎通や心の通い合いまでをも含めたものだと思いますが、結局「コミュニケーション」で一番肝心なのは「できる限りお互いを理解し合うこと」だと私は思っています。そして、「できる限りお互いを理解し合うこと」、すなわち「どれだけ周りの人と深く関われたか?」「どれだけ本当の意味でのコミュニケーションが取れたか?」ということこそが「人生の質」や「人生の充実度」を決める大切な要素になっていると感じます。

ただ、日本人って、「コミュニケーション」が苦手な国民性があるのかなと思います。昔から「以心伝心」ではありませんが、「いちいち話さなくてもわかる」ことが美化されているせいか、身近な人とさえ「肝心なこと」を話していないような気がしてなりません。

アメリカ人は学生時代から「ディベート」が授業の中に組み込まれているからなのか、コミュニケーションにおいて「会話」や「議論」をとても大切にし、それらを心底楽しみますし、そのうえで自分や他人の意見を尊重する風潮があります。だからなのか、お酒の席などでも、「人生とは……」といった哲学的な話から、芸術や文化、あるいは社会的な事柄等々、「会話の中身」が幅広く、しかも深いことが多いです。

一方、日本に帰国してからビックリしたのは、お酒の席などでも、誰かの噂話が出てきたり、出席者のひとりを集中してからかったり、「下ネタ」まで飛び出してくる始末で、「なんて話題が乏しいんだろう？」とか、「こんなコミュニケーションでいいのかしら？」と思うこともしばしば。

また、日常生活の中での会話でも「あそこのフレンチ、美味しかった！」とか、「〇〇の化粧品、使ってみたけど結構いいのよ」などといった上辺の話ばかりで（まあ、こういう話題が「楽しくない」とは言いませんが）、自分の心の内の悩みや苦しみなどまるで打ち明けられなかったり、親や旦那の顔色ばかりをうかがっては、我慢に我慢を重ね、言いたいこともほとんど飲み込んでしまったり……。これでは「できる限りお互いを理解し合うこと」なんてことからはほど遠く、「周りの人と深く関わっている」などとはとてもとても言えませんよね？

自分の周りを探しても「自分の心の底の思い」を聞いてもらう場がほとんどないために、多くの日本人女性が「占い」に走るのだと思います。もちろん、「占い」などに行って「心が軽くなる」なら、それはそれで悪くはないと思いますが、それよりもなによりも、もう一度「自分自身」と「自分の周りの人々」と向き合って、もっともっと人々と積極的に深く関わり、もっともっと「お互いを知り、理解し、楽しむ」ことのほうがよっぽど素敵な人生になることでしょうし、心底幸せなことだと思います。

積極的なコミュニケーションで、もっともっと素敵になる！

水谷友紀子　みずたに・ゆきこ

1963年、神奈川県に生まれる。ミズーリ大学ジャーナリズム学部雑誌学科を卒業する。帰国後、国会議員公設秘書、市議会議員（２期）などを経て、著述業に。26歳のときに「引き寄せの法則」に出会い、人生上大きな３つの奇跡を体験し、「夢は叶う」「思考は現実になる」と実感。以来、20年にわたり意識と心について研究、実験を重ね、数え切れないほどのものや状況を引き寄せることに成功、「人生を思い通りにする方法」を確立した。「自分の可能性を最大限発揮しよう！」をコンセプトに、2010年から、自己啓発コーチ〝ハートのコーチ〞として活動を開始。著書に『誰でも「引き寄せ」に成功するシンプルな法則』『私も運命が変わった！　超具体的「引き寄せ」実現のコツ』『やればやるほど実現する！　「引き寄せ」に成功する人がやっている小さな習慣』『人生が好転する！　「引き寄せ」のしくみ』『自分をリセットして、願いを叶える！　「引き寄せ」練習帖』（以上、講談社）などがある。

著者ホームページ　http://www.yukiko-mizutani.jp

装丁　村沢尚美（NAOMI DESIGN AGENCY）
本文デザイン　伊藤えりか（AMI）

「ご機嫌《きげん》」でいれば、「奇跡《きせき》」がついてくる！

「引《ひ》き寄《よ》せ」に成功《せいこう》する毎日《まいにち》のヒント

2015年11月25日　第１刷発行

著　者　水谷友紀子《みずたにゆきこ》

発行者　鈴木 哲
発行所　株式会社講談社
〒112-8001 東京都文京区音羽２丁目12-21
電話 編集 03-5395-3529
販売 03-5395-3606
業務 03-5395-3615
印刷所　慶昌堂印刷株式会社
製本所　株式会社国宝社
本文データ制作　朝日メディアインターナショナル株式会社

落丁本・乱丁本は購入書店名を明記のうえ、小社業務あてにお送りください。

送料小社負担にてお取り替えいたします。

なお、この本についてのお問い合わせは生活実用出版部 第二あてにお願いいたします。

定価はカバーに表示してあります。ISBN978-4-06-219815-8